I0010786

PHP grafica dinamica, funzioni e figure

By
AntonioTaccetti

Volume 1 di 2
il secondo volume ha per titolo:
PHP grafica dinamica, grafici e gradienti

Entrambi i volumi sono anche reperibili in un'unica guida dal titolo:

Usare
GD library con PHP
funzioni, figure, grafici e gradienti

Gli indirizzi Internet per consultare e scaricare il codice di questa guida sono al termine del manuale prima dell'indice.

Copyright ©

Finito in Firenze, Giugno 2016

SOMMARIO

Immagini con PHP..**8**

Nozioni di Computer Grafica...*8*

Tipi di immagine **8**

Vettoriale...*8*

Raster...*9*

Immagini elaborabili con GD..**9**

JPEG *9*

Metadati jpeg...10

GIF (Graphics Interchange Format) *10*

PNG...*11*

Sistemi di coordinate **12**

Recuperare informazioni sulla libreria GD installata...**12**

es_01_gdinfo_informazioni sulla libreria GD installata 12

imagetypes(), testare i tipi d'immagine supportati dalla versione in uso......................*13*

es_02_imagetypes_testare_tipi_immagine_supportati 13

Creare una nuova immagine, visualizzarla e salvarla **14**

header(), salva l'immagine nel formato desiderato..*14*

imagecreate(), crea una nuova immagine..*14*

imagecolorallocate(), definisce un colore nel formato RGB *15*

imagedestroy(), libera la memoria associata con l'immagine..*15*

es_03_imagecreate_Creare_una_nuova_immagine 15

imagejpeg(), crea un'immagine in formato jpeg..*16*

es_04_imagejpeg 16

imagepng(), crea un'immagine in formato png..*16*

es_05_imagepng 17

imagegif(),crea un'immagine in formato GIF *17*

es_06_imagegif 17

imagecreatetruecolor(),crea immagini fino a 16,7 milioni di colori *18*

es_07_imagecreatetruecolor_1 18

truecolor e trasparenza...19

es_08_imagecreatetruecolor_2..*19*

imageistruecolor(), verifica se l'immagine è un'immagine TrueColor *19*

es_09_imageistruecolor 19

Caricare immagini e manipolarle..**20**

imagecreatefromgif(), carica immagine in formato gif...*20*

es_12_imagecreatefromgif 20

imagecreatefromjpeg(), carica immagine in formato jpeg *20*

es_13_imagecreatefromjpeg 20

imagecreatefrompng(), carica immagine in formato png....*20*

es_14_imagecreatefrompng 20

imagecreatefromstring(), crea immagine da una stringa *21*

es_15_imagecreatefromstring 21

File, esistenza e dimensioni..**22**

file_exists, verifica esistenza file *22*

    es_15_A_file_exists 22

getimagesize(),ottenere la dimensione di un'immagine...*22*

    es_15_B_getimagesize 23

imagesx() e imagesy(), larghezza e altezza di un'immagine *23*

    es_15_C_imagesx_imagesy 23

imagegrabscreen(), cattura lo schermo..*23*

    es_16_imagegrabscreen 23

imagecolorstotal(), legge la quantità di colori nella tavolozza di un'immagine *23*

    es_17_imagecolorstotal 24

Disegnare sulle immagini **24**

imagesetpixel(), disegnare un singolo pixel..*24*

    es_18_imagesetpixel 24

imageline(), disegna una linea..*25*

    es_19_imageline 25

imagesetstyle(),imposta lo stile per disegnare parti tratteggiate *25*

    es_20_imagestyle 26

imagedashedline(), disegna una linea tratteggiata *26*

imageantialias(), sfumare i bordi per non far notare le scalettature *26*

    es_21_imageantialias 27

imagerectangle(), disegnare rettangoli...*27*

    es_22a_imagerectangle 28

imagefilledrectangle(), disegnare rettangoli con l'interno del colore del bordo..................................*28*

    es_22b_imagefilledrectangle 28

imageellipse(), disegna ellissi e circonferenze *28*

    s_23_imageellipse 29

imagefilledellipse(), disegna ellissi e circonferenze con l'interno del colore del bordo *29*

    es_24_imagefilledellipse 29

imagearc(), disegnare archi *30*

    es_25_imagearc 31

    es_26_imagearc_disegnare_spirali 32

    es_27_imagearc_disegnare_vortici 32

imagefilledarc(),disegnare archi, corde, triangoli ecc. con l'interno trasparente o colorato...............*33*

    es_28_imagefilledarc 34

imagepolygon(), disegnare poligoni *35*

    es_29_imagepolygon 35

imagefilledpolygon(),disegnare poligoni con l'interno del colore dei lati..*36*

    es_30_imagefilledpolygon 36

imagesetthickness(), imposta lo spessore linea per il disegno *36*

    es_32_imagesetthickness 36

imagefill(), colora forme chiuse *37*

    es_33_imagefill 37

imagefilltoborder(),colora forme chiuse con lati dello stesso colore 38

    es_34_imagefilltoborder 38

imagecolorset(), sostituisce un colore con un altro. 39

    es_35_imagecolorset 39

imagesetstyle(),impostare stili per disegnare...40

    es_36_imagesetstyle_IMG_COLOR_STYLED 41

    es_37_imagesetstyle_COSTANTI...43

imagesetbrush(),imposta immagini come pennelli..44

    es_38_imagesetbrush_A 44

    es_39_imagesetbrush_B 45

imagecolorat(), ottiene il colore in un punto specifico in un'immagine..45

    es_40_imagecolorat 45

imagecolorsforindex(),determina le componenti RGB di un punto colore 46

es_40a_imagecolorsforindex 46

imagecolorexact(), determina se un colore è presente in un'immagine 47

    es_40b_imagecolorexact 47

imagesettile(), imposta immagine come riempimento di un'area..48

    es_41_ imagesettile 48

es_42_ imagesettile_doppio_riempimento 48

    imagecolortransparent(), imposta un colore come trasparente...49

    es_47_imagecolortransparent 49

imagecolorresolve(), ottiene l'indice del colore specificato o valore più vicino 50

    es_48_imagecolorresolve 50

imagecolorclosest(), ottiene l'indice del colore più vicino al colore specificato 50

es_50_imagecolorclosest...51

Copy, copiare immagini elaborandole **51**

imagecopy(), copiare parte dell'immagine 52

    es_43_imagecopy_applicare_centrare_copyright 52

imagecopyresized(),copia e ridimensiona una parte dell'immagine 53

    es_44_imagecopyresized 54

imagecopymerge(),copia e unisce parti d'immagini...54

    es_45_imagecopymerge 55

imagecopyresampled(),copia ridimensiona immagini con ricampionamento.......................................56

    es_46_imagecopyresampled 56

Canale Alpha..**57**

imagesavealpha(), imposta il flag per salvare informazioni del canale alfa 58

    es_51_imagesavealpha 58

imagealphablending(), imposta il metodo di fusione per l'immagine 58

    es_52_imagealphablending 59

imagecolorallocatealpha(),alloca colore con parametro trasparenza Alpha 60

    es_53_trasparenzaALPHA 60

    es_54_scala_trasparenzaALPHA 61

Creare immagini con trasparenza..**62**

Trasparenza a 256 colori 62

es_55_GIF_con_trasparenza 62

es_55bis_da_GIF_a_PNG 63

Canale Alpha trasparenza e opacità *64*

es_56_canale_alpha_con_jpg_png 64

es_57_alfa_trasparenza 65

Fusione fra immagini con trasparenza preservando le trasparenze *66*

es_58_copia_trasparente_su_trasparente 66

es_59_rendere_trasparente_un_colore 67

es_60_foro_trasparente_in_immagine 68

es_61_angoli_arrotondati 68

Ottenere e impostare caratteristiche delle immagini **69**

imagelayereffect(),imposta effetto Alpha miscelazione fra immagini sovrapposte *69*

es_62a_imagelayereffect 70

es_62b_imagelayereffect 70

imagecolorexactalpha(),ottenere l'indice del colore + alpha specificato 71

es_62c_imagecolorexactalpha 71

imagecolorresolvealpha(),ottiene l'indice colore specificato+alfa o sua alternativa più vicina *71*

es_62d_imagecolorresolvealpha 72

imagecolorclosestalpha(), restituisce l'indice del colore nella tavolozza che è più simile a quello RGB specificato. *72*

es_62e_imagecolorclosestalpha 73

imagetruecolortopalette(),converte immagine da truecolor a tavolozza *73*

es_62f_imagetruecolortopalette 73

imagegammacorrect(),applica correzione gamma ad un'immagine *74*

es_63_imagegammacorrect 74

Immagini, rotazione e ribaltamento **74**

imagerotate(), ruota immagine, in senso antiorario, di un angolo dato *74*

es_64_imagerotate_opaca_salva_trasparente 75

es_65_imagerotate_PNG con trasparenza e semitrasparenza 75

imageflip(), ribalta l'immagine *76*

es_66_ribaltare immagini_con_flip 76

Ribaltare immagini con imagecopyresampled() *77*

es_67_Ribaltare_con_imagecopyresampled 77

Disegnare con il testo **78**

imagestring(), disegna una stringa in orizzontale. *78*

es_68_imagestring 79

imagestringup(), disegna una stringa verticalmente *79*

es_69_imagestringup *79*

imagefontheight(),restituire l'altezza in pixel di un font GD specificato *80*

imagefontwidth(),restituisce la larghezza in pixel di un font GD specificato *80*

es_71_imagefontwidth 81

es_72_testo perfettamente inscritto in immagine 81

imagettftext(), disegna testo usando font TrueType imagefttext(),disegna testo con font FreeType 2 ....*82*

es_73_imagettftext 82

es_74_imagettftext_testo_ombreggiato *83*

es_75_imagettftext_arcobaleno 84

es_76_imagettftext_font_effetti_speciali 84

es_77_imagettftext_font_effetti_speciali 86

imagettfbbox(), legge le coordinate che delimitano un testo. 86

es_78_imagettfbbox crea immagine per testo obliquo 87

es_79_imagettfbbox_rettengolo_delimitante 88

Immagini con effetti speciali **90**

imagefilter(), applica un filtro all'immagine 90

es_80_IMG_FILTER_BRIGHTNESS 91

es_81_IMG_FILTER_COLORIZE 91

es_82_IMG_FILTER_CONTRAST 92

es_83_IMG_FILTER_EDGEDETECT 92

es_84_IMG_FILTER_EMBOSS 93

es_85_IMG_FILTER_GAUSSIAN_BLUR 93

es_86_IMG_FILTER_GRAYSCALE 94

es_87_IMG_FILTER_MEAN_REMOVAL 94

es_88_IMG_FILTER_NEGATE 94

es_89_IMG_FILTER_PIXELATE 95

es_90_IMG_FILTER_SMOOTH 95

Effetti con filtri multipli 96

es_91_Effetto appiattimento 96

es_92_Effetto scatto dolce applicando sfocatura 97

es_93_Separazione colori RGB 97

es_94_Effetto monocromatico 98

es_95_Effetto_invecchiamento 98

es_96_effetti_da_elaborazione_colori 99

PHP e GD

Originariamente concepito per la programmazione di pagine web dinamiche, PHP (acronimo di Hypertext Preprocessor", preprocessore di ipertesti, è un linguaggio di programmazione interpretato.

L'interprete PHP è un software libero distribuito sotto PHP License.

Scritto nel 1994 da Rasmus Lerdorf, fu in origine una raccolta di script CGI che permettevano una facile gestione delle pagine personali.

Rasmus Lerdorf, in seguito rielaborò il progetto originario estendendolo e riscrivendolo in linguaggio C.

Furono aggiunte funzionalità quali il supporto al database, prevedendo la possibilità di integrare il codice PHP nell'HTML delle pagine web semplificando la realizzazione di pagine dinamiche.

Dal 1998 i programmatori Zeev Suraski e Andi Gutmans collaborarono con Rasmus Lerdorf allo sviluppo della terza versione di PHP riscrivendone il motore che fu battezzato Zend (contrazione dei loro nomi).

Le caratteristiche della versione PHP 3.0 furono la straordinaria estensibilità, un'ottima connettività ai database ed il supporto iniziale per il paradigma a oggetti.

Già nel 1998 PHP versione 3.0 era installato su circa il 10% dei server web di Internet.

Iniziando ad essere usato su larga scala, PHP divenne competitor di ASP, (linguaggio analogo sviluppato da Microsoft).

Nel 2004 fu rilasciata la versione PHP 4 con ulteriori migliorie.

Attualmente, anno 2016, siamo alla quinta versione, sviluppata da Lerdorf, Suraski e Gutmans insieme ad un team di altri programmatori.

PHP è in grado di interfacciarsi a innumerevoli database tra cui MySQL che è forse il più usato, si integra con altri linguaggi/piattaforme quali .NTE, Java.

In pratica esiste un wrapper per ogni libreria esistente.

Wrapper dal verbo inglese to wrap, "avvolgere", in informatica designa un modulo software che ne "riveste" un altro, ovvero che funziona da tramite fra i propri clienti (che usano l'interfaccia del wrapper) e il modulo rivestito (che svolge effettivamente i servizi richiesti).

Fra questi CURL, GD, Gettext, GMP, Ming, OpenSSL e molti altri.

Ma PHP non si limita alla creazione di solo output in HTML, può anche essere utilizzato per creare e manipolare immagini.

Per poterlo fare è necessario utilizzare la libreria GD, oggi (2016) normalmente installata di default insieme a PHP5.

In Informatica, per libreria è inteso un insieme di funzioni o strutture, predefinite e predisposte per essere collegate ad un software.

Il termine libreria deriva dell'inglese library (letteralmente biblioteca), anche se la traduzione letterale in italiano non ne rispecchia la funzione, questo termine è oramai così diffuso da essere accettato quale traduzione esplicativa del significato originario.

Lo scopo delle librerie software, e GD non fa eccezione, è fornire una collezione di entità di base pronte all'uso, evitando di dover riscrivere ogni volta le medesime funzioni, così facilitando le operazioni di sviluppo e manutenzione dei software.

GD Graphics Library, scritta da Thomas Boutell con la partecipazione di altri programmatori.

Con questa libreria è possibile manipolazione dinamica di immagini che possono essere create runtime (durante l'esecuzione) o già esistenti nonché utilizzare font nativi o TrueType le cui parole o frasi possono essere usate nelle immagini.

La libreria è in grado di generare immagini GIF, JPEG, PNG, e BMP.

Il supporto per l'output in formato GIF fu rimosso nel 1999 in seguito alla revoca del brevetto.

Quando poi, nel 2007, il brevetto scadde fu stato reinserito tra i formati supportati.

Dalla versione 2.0 possono essere create immagini True Color con canale Alpha per la trasparenza, disegnate linee, archi, poligini, circonferenze ecc.

A questo indirizzo è possibile scaricarne l'ultima versione: http://libgd.github.io/

Questo testo espone le funzioni della libreria GD, con esempi, frutto dell'esperienza maturata nell'uso, testati e scaricabili.

Sebbene esistano altre librerie per la manipolazione d'immagini, con GD è possibile creare e/o manipolare immagini per ogni esigenza, con risultati soddisfacenti per progettisti, sviluppatori e neofiti.

Immagini con PHP

Creare dinamicamente pagine HTML utilizzando PHP permette di fare cose molto interessanti.

Tuttavia HTML HyperText Markup Language (linguaggio a marcatori per ipertesti), nato per formattazione e impaginazione di documenti ipertestuali nel Web, nella visualizzazione grafica (layout) non è un linguaggio di programmazione non prevedendo alcuna definizione di variabili, strutture dati, funzioni o strutture di controllo che possano realizzare programmi.

HTML è soltanto in grado di strutturare e decorare dati testuali.

Per questa ragione HTML presenta al pubblico, ciò che viene ad esso passato e non è in grado di creare immagini, manipolare file di immagine, ridimensionarle in modo reale o aggiungere testo.

Questo limite intrinseco dell'HTML può essere ovviato usando la libreria GD la quale contiene una serie di funzioni che consentono di creare, aprire, manipolare le immagini, sia per il browser che salvarle su disco.

Nozioni di Computer Grafica

Per creare e/o manipolare immagini con GD è necessario avere nozione di alcuni concetti riguardanti le immagini, i file grafici ed colori per il web.

Un modello colore è un metodo per definire i colori, per mezzo dei suoi componenti.

Nei Computer, per monitor, scanner ecc è utilizzato il modello colori RGB.

RGB (Red, Green, Blue), stanno per rosso, verde e blu; sono i tre colori fondamentali che, combinati fra loro in varie percentuali, creano toni, gradazioni e sfumature.

Ognuno dei 3 colori può assumere 256 valori che vanno da 0 a 255.

Per esempio il rosso puro è espresso dai valori (255,0,0) il verde (0, 255,0) ed il Blu (0,0,255).

In altre parole, nell'esempio precedente, il valore 255 identifica la quantità massima per quel colore mentre le altre due componenti sono a zero, cioè essenti.

Quando tutte le 3 componenti hanno valore 255, viene visualizzato il colore bianco, mentre quando tutte hanno valore 0, viene visualizzato il colore nero.

Quindi, i colori che si possono trovare in un'immagine RGB è 16,7 milioni cioè $256 \times 256 \times 256$.

Spesso può capitare di leggere il termine "tavolozza di sistema" o, in inglese "system palette", è una (propria) tavolozza di colori che ogni sistema operativo riconosce.

Essa contiene i valori/colore che possono essere visualizzati per un determinato sistema operativo.

Purtroppo ogni sistema operativo ha la sua tavolozza di colori, per esempio, la tavolozza Macintosh è diversa da quella di Windows.

Fra i sistemi operativi Macintosh e Windows solo 216 dei 256 colori coincidono, quindi la loro diversità può mostrare alterati i colori di un'immagine creata con un sistema operativo e visualizzata con un altro. Problema che si pone in maniera rilevante con dispositivi a 8 bit cioè a solo 256 colori.

Per questa ragione software grafici evoluti offrono la possibilità di utilizzare solo colori per il web (safe palette). Utilizzando questa opzione si è certi di selezionare un colore che verrà visualizzato in ugual modo sia da utenti Windows che da utenti Mac.

Naturalmente questo problema si verifica anche considerando Linux/Windows e Linux/Mac ed in qualsiasi confronto fra tavolozze di sistemi operativi diversi.

Pur se ancora importante, il problema delle tavolozze di sistema sta diventando sempre meno grave perché oggi (2016) quasi tutte le macchine supportano profondità di migliaia (16 bit) o milioni (24 bit) di colori e quindi all'occhio umano le differenze di sfumatura non sono, di solito, apprezzabili.

Tipi di immagine

I computer lavorano con due tipi d'immagini: vettoriale e raster.

Vettoriale

Nelle immagini vettoriali l'immagine è descritta mediante un insieme geometrico che definisce punti, linee, curve ecc. ai quali possono essere attribuiti colori e sfumature.

In altre parole, sono utilizzate equazioni matematiche per descrivere le forme che compongono l'immagine.

Occupa molto meno spazio rispetto ad una corrispondente raster, è più facile da gestire e da modificare essendo minore la quantità di dati coinvolti in ogni singola operazione di aggiornamento.

Questo metodo presenta il vantaggio di una maggiore possibilità di compressione dei dati ed è particolarmente adatto per l'ingrandimento o la riduzione non incidendo in maniera significativa sul peso, in kb, dell'immagine.

Le immagini vettoriali sono ottime per gli schemi che includono linee, curve e blocchi di colore, quindi per CAD e dati cartografici, ma non sono adatte per fotografie, paesaggi e immagini dello stesso genere.

Raster

La libreria GD si occupa di questo tipo di immagini.

Le immagini raster, conosciute anche come bitmap (in inglese bitmap graphic) in italiano traducibile come Grafica a griglia, é una tecnica utilizzata per descrivere un'immagine in formato digitale.

Il termine raster (reticolo, griglia) ha origine nella tecnologia televisiva analogica, cioè dal termine che indicava le righe orizzontali dei televisori o dei monitor con tubo catodico.

In computer grafica la griglia ortogonale indica i punti dove viene costruita l'immagine raster.

In altre parole, l'immagine è vista come una scacchiera, nella quale, ogni quadrato corrisponde ad un punto (pixel) e ad esso viene associato uno specifico colore.

Le immagini raster sono caratterizzate da due proprietà, risoluzione e profondità.

- Risoluzione, è determinata dal numero di pixel (quadrati della scacchiera) contenuti nell'unità di misura considerata (in genere pixel).
- Profondità, è definita dalla memoria che si dedica ad ogni pixel per descrivere il colore, cioè dal numero di bit dedicati ad ogni pixel.

Maggiore è il numero di bit, maggiore è il numero di colori che è possibile descrivere.

Un altro comune metodo per indicare la qualità delle immagini raster è moltiplicare il numero delle righe di pixel per quello delle colonne esprimendo il valore in Megapixel.

Uno dei maggiori inconvenienti nelle immagini raster si manifesta quando vi è necessità di avere uno zoom d'ingrandimento dove, ad ogni aumento, la qualità dell'immagine peggiora.

Software grafici evoluti sono in grado di ricostituire la risoluzione inserendo nuovi pixel per interpolazione, cioè, intenzionalmente, informazioni grafiche presunte.

La grafica raster è ideale per rappresentare immagini fotografiche, paesaggi ecc. ed in esse modificare contrasti, luminosità e applicare filtri di colore.

A questo tipo di immagine appartiene la quasi totalità delle immagini su pagine web.

Immagini elaborabili con GD

La libreria GD consente di lavorare con i formati JPEG, PNG e GIF per i browser Web desktop e WBMP per browser mobili, essi sono i principali formati raster.

Questi formati sono compressi, cioè utilizzano algoritmi per ridurre la quantità di spazio necessaria per descrivere l'immagine.

Con questo metodo svolgono un ruolo chiave nel mantenere i file di piccole e quindi brevi tempi di download.

Ognuno di questi formati utilizza metodi di compressione molto diversi.

Sapere quando l'uso di un formato è preferibile ad un'altro è importante per creare pagine web più veloci nel caricamento e migliori nella grafica.

JPEG

JPEG significa Joint Photographic Experts Group, é il nome degli archivi o alle immagini di MAC.

JPG é la stessa cosa solo che viene abbreviato con 3 lettere.

JPG si riferisce a immagini utilizzate con Windows, in origine (anni '80 del XX secolo), le estensioni dei file di questo sistema operativo potevano avere un massimo di 3 lettere (ed 8 i nomi dei file).

Il formato JPEG, la cui estensione dei file su disco può essere jpg o jpeg è lo standard de facto per la memorizzazione delle foto.

Questo formato riduce le informazioni necessarie per visualizzare un'immagine attraverso tecniche che tengono conto delle peculiarità della vista umana come la percezione dei colori e l'intensità dell'illuminazione, in modo da poter memorizzare, in file compressi, immagini ad alta risoluzione.

Utilizza il metodo di compressione lossy nella quale alcuni dati dell'immagine originale sono persi.

Il formato fu progettato per funzionare al meglio con le immagini fotografie di persone o paesaggi perché in questo ci sono generalmente molte sfumature e rare zone di un unico colore.

I valori della scala di compressione vanno da 0 a 100, con 0 massima compressione e qualità minima, comunque, con una compressione a 75, generalmente non si notano deperimenti apprezzabili dell'immagine e specie sulle pagine web non è distinguibile l'immagine originale da quella compressa.

Occorre prestare attenzione che, una volta usata la compressione lossy, le informazioni perse non saranno più recuperabili, e che ulteriori compressioni lossy dello stesso (ad esempio di valore 70 più volte) agiscono da moltiplicatore arrivando a far perdere di qualità l'immagine.

Buona norma è creare l'immagine voluta a qualità massima e poi, terminato il lavoro, salvarla con altro nome e compressione idonea.

Dovendo in seguito fare modifiche agire sull'ultima immagine di massima qualità.

Metadati jpeg

I file JPEG possono contenere metadati, definiti nello standard Exif, essi riguardano l'immagine e possono includere: Informazioni di date, ora e coordinate geografiche registrate dalla fotocamera al momento dello scatto, impostazioni della fotocamera (marca e modello della fotocamera), e per ciascuna immagine, apertura e lunghezza focale, tempo di esposizione, orientamento, bilanciamento del bianco, e ISO impostato informazioni di copyright ecc.

I metadati non sono usati per la visualizzazione dell'immagine e quindi, dal punto di vista estetico, può essere ignorato o rimosso senza problemi.

GIF (Graphics Interchange Format)

In questo formato, i dati sono memorizzati secondo uno standard definito da CompuServe.

Essi sono compressi in modo da non avere perdite di qualità.

Il numero massimo di colori visualizzabili è 256, può avere parti trasparenti.

Questa tecnica è più adatta quando occorrono immagini che contengono linee e grandi zone di colore uniforme come ad esempio cartoni animati.

Supporta la trasparenza con il metodo binario (sì/no).

Con questo ciascun pixel può essere completamente trasparente (non contiene nessun colore) o completamente opaco (contiene un colore a tinta unita).

Ciò significa che il canale Alpha (che in altri formati determina la quantità di opacità) non è supportato.

Nel salvataggio di file GIF con software di grafica, spesso sono disponibili diverse opzioni fra le quali:

- Percettivo, che da priorità ai colori l'occhio umano ha maggiore percezione.
- Selettivo, simile al percettivo, ma favorendo aree di colore più estese e soprattutto, utilizza i colori identificati nella stessa maniera da tutti i browser.
- Adattato, crea una tavolozza dei colori usando il campionamento dello spettro dominante nell'immagine.
- Restrittivo, con tavolozza standard dei 216 colori comuni alle tavole MAC a 8 bit e windows per essere poi visibile nella stessa maniere nei diversi Sistemi Operativi.

Il formato GIF supporta l'animazione, in questa variante del formato GIF, l'immagine è costituita da una certa quantità "fotogrammi" contenuti nello stesso file.

Queste immagini/fotogramma alternandosi fra loro secondo tempi stabiliti dal tecnico che ha creato la GIF, danno l'effetto del movimento.

In Internet sono talvolta utilizzate per banner pubblicitari in modo da massimizzare lo spazio della pagina.

Le GIF animate non sono editabili con GD, nel caso siano caricate per essere elaborate con questa libreria, verrà elaborata solo l'immagine che, nell'uso proprio, si presenta per prima.

PNG

Creato nel 1995 da autori indipendenti in seguito alla decisione dei detentori del brevetto GIF di richiedere il pagamento di royalty per ogni programma che facesse uso di immagini GIF.

Il formato PNG è simile al GIF, prevede parti trasparenti.

Angoli e linee rette, che mal sopportano la compressione JPEG, sono invece riprodotti fedelmente.

Questa tecnica è più adatta quando occorrono immagini che contengono linee e grandi zone di colore uniforme come ad esempio cartoni animati.

Data la sua recente ideazione, rispetto al GIF, non ha le limitazioni tecniche del formato GIF, può memorizzare immagini a 24 bit, ha un canale dedicato per la trasparenza (canale alfa).

A differenza del JPEG, questo formato non degrada di qualità rendendolo adatto per memorizzare stadi intermedi di elaborazione di file JPEG.

Il formato PNG ha diverse varianti, PNG8, PNG24 e PNG32 che grosso modo riflettono gli sviluppi informatici nel campo della grafica.

Il PNG8 è uguale ad una GIF con solo 256 colori ed il canale di trasparenze a 1 bit.

PNG24 è simile al PNG8, ma ha il supporto per 16 milioni di colori, per la quantità di informazioni che può memorizzare ha dimensioni maggiori del PNG8.

PNG24 fornisce il supporto canale Alpha per la trasparenza.

PNG32 viene usato per immagini complesse, milioni di colori e sfumature di diversi colori, bordi arrotondati e la trasparenza.

PNG ha anche varianti per la scala di grigi PNGs con e senza canale Alpha e un formato PNG derivato, Multiple-image Network Graphics o MNG, simile al GIF animato ma non trattato dalle funzioni GD.

Riguardo ai più volte citati 256 colori massimi per le immagini GIF e PNG8, questo limite di 256 colori non significa che sono disponibili solo i 256 colori predefiniti, ma solo che è possibile utilizzarne fino a un massimo 256 di loro in una singola immagine.

Per esempio RGB(255,0,0) è il colore rosso, ma anche RGB(255,100,0) e RGB(255,0,75) sono rossi seppur di altre tonalità e tutti sono utilizzabili in immagini GIF e PNG8.

Quindi in immagini GIF e PNG8 sono disponibili 256x256x226 =16.777.216 colori, ma solo 256 di essi per singola immagine.

In conclusione, il formato PNG, nelle sue varianti, può essere un'alternativa ai formati GIF e JPEG potendo sostituirli entrambi; supporta da 256 colori (PNG8) a 16,7 milioni di colori (PNG24).

PNG8 può sostituire GIF, perché adatto a immagini con aree estese a tinte unite con pochi colori.

PNG24 può sostituire JPEG, perché adatto a immagini fotografiche con molti colori ed oltretutto non perde i dati nella compressione.

L'unica pecca è che PNG è più pesante, in kb, del formato JPEG, ma con le linee ADSL ad alta velocità ormai diffusissime, basta non eccedere con immagini che hanno quantità di sfumature di colori, a volte nemmeno apprezzabili all'occhio umano.

Negli esempi che verranno presentati la trasparenza nelle immagini verrà esibita con riquadri bianchi/grigio-sfumati

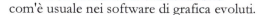

com'è usuale nei software di grafica evoluti.

Sistemi di coordinate

Quando si disegnano o manipolano forme e testo è necessario conoscere il punto esatto sul quale operare, per farlo si utilizzano le coordinate cartesiane.
Ogni immagine è espressa in pixel (contrazione della locuzione inglese picture element) ed in computer grafica, indica ciascun elemento puntiforme come componente di un'immagine.
Ciascun pixel è caratterizzato dalla propria posizione (X,Y) e da valori quali colore e intensità.
Nelle immagini rappresentate con dati informatici, i punti riprodotti possono essere così piccoli da non essere distinguibili fra loro, apparendo fusi in un'unica figura anche se stampati o visualizzati su monitor.

Anche se in talune immagini con parti trasparenti può non apparire immediato, ogni immagine, non solo quelle manipolate con GD, è un rettangolo.

Qualsiasi punto del rettangolo/immagine può essere specificato come una coppia di (X, Y), dove X è il numero di pixel di distanza dal bordo sinistro e Y è il numero di pixel di distanza dal bordo superiore.
L'origine degli assi X,Y è posto in alto alla sinistra del rettangolo/immagine.

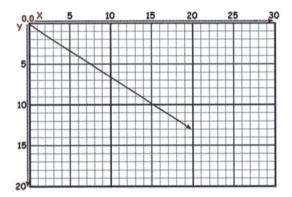

Nell'esempio la freccia obliqua con origine nel punto X=0 e Y=0 punta il pixel x=20 : Y = 13.

Avere sempre presente lo schema di coordinate in uso a PHP/GD è fondamentale perché:

- Nel caso tratti del disegno siano al di fuori dello schema non verrà segnalato nessun errore.
- Importante è l'ordine nel quale vengono chiamate le varie funzioni di disegno.

Di solito, vanno prima disegnate le componenti che sono sullo sfondo e poi quelle in primo piano.

- Le variabili sono case sensitive ($Immagine e $immagine sono due variabili diverse).

Recuperare informazioni sulla libreria GD installata

Se utilizziamo uno spazio web fornitoci da un host Internet, quasi sicuramente non avremo la possibilità di installare la libreria GD se è assente.
Ma se l'host dispone di una versione PHP 4> = 4.3.0 o superiore, il che oggi, nel 2016 è praticamente scontato, la libreria GD è molto probabilmente presente.
Nell'utilizzo su server locale, occorre che la versione PHP non sia obsoleta ed è raccomandabile sia corrispondente ai requisiti di quella su server remoto.
Per capire se l'host o server locale forniscono la libreria GD occorre utilizzare la funzione gd_info().
Per ottenere tale scopo, occorre creare una pagina php ed inserirvi il seguente codice:

es_01_gdinfo_informazioni sulla libreria GD installata
```
<?php // es_01_gdinfo_informazioni sulla libreria GD installata
```

```
foreach(gd_info() as $gd => $state){ echo $gd . ": ". $state . "<br />";}

?>
```

Quindi occorre mandarlo in esecuzione caricando la pagina nel browser.
Se la libreria è presente verrà visualizzato un output simile a questo:

```
GD Version: bundled (2.1.0 compatible)
FreeType Support: 1
FreeType Linkage: with freetype
T1Lib Support:
GIF Read Support: 1
GIF Create Support: 1
JPEG Support: 1
PNG Support: 1
WBMP Support: 1
XPM Support: 1
XBM Support: 1
JIS-mapped Japanese Font Support:
```

che mostra versione e supporti.

Nel caso la libreria GD non sia presente la sua installazione è piuttosto semplice.

Per prima cosa occorre controllare che nella cartella del PHP, di solito php/ext (oppure "extensions", non esistono entrambe) vi sia il file php_gd2.dll.
Se così non fosse, potrà essere scaricata all'indirizzo http://libgd.github.io/
Una volta scaricata e salvata nella cartella php/ext (oppure "extensions") sarà necessario intervenire sul file php.ini.
Prima di tutto copiarlo in modo da poter essere ripristinato in caso di errori.

Cercare la Extensions abilitabili nel file di configurazione:
;extension=php_gd2.dll

Eliminare il punto e virgola posto all'inizio di essa, salvare e riavviare il Web server Apache.
Una volta terminato lanciare di nuovo gd_info(); e verificare se GD è in uso .

imagetypes(), testare i tipi d'immagine supportati dalla versione in uso

Differenti versioni di GD hanno il supporto per tipi di immagini diverse.
Imagetypes() fornisce un modo per verificare quali formati sono supportati.

I seguenti formati possono essere testati: IMG_GIF | IMG_JPG | IMG_PNG | IMG_WBMP | IMG_XPM.

es_02_imagetypes_testare_tipi_immagine_supportati

```php
<?php

if (imagetypes() & IMG_GIF) {
echo "GIF supporto OK";
} else {
echo "GIF NO supporto";
}
echo"<br>";
if (imagetypes() & IMG_JPEG) {
echo "JPEG supporto OK";
} else {
echo "No JPEG NO supporto OK";
```

```
}
echo"<br>";
if (imagetypes() & IMG_PNG) {
echo "PNG supporto OK";

} else {

echo "No PNG NO supporto";
}
?>
```

Creare una nuova immagine, visualizzarla e salvarla

Una volta appurato che la libreria GD è installata e funzionante, verificato il tipo di formati supportati, è realizzabile la creazione delle immagini.

In questo esempio, con l'uso delle funzioni GD, verrà creata un'immagine, cioè che "dal nulla" esista, possa essere vista, quindi verrà distrutta liberando la memoria usata.

Non è possibile usare un singolo comando, perché, pur funzionante, non mostrerebbe nulla di percepibile.

Occorre quindi usare quattro funzioni che sono:

header(), imagecreate(), imagecolorallocate, imagepng() nelle sue due versioni, imagedestroy()

In seguito, entrando nel dettaglio, queste quattro funzioni e le altre disponibili, saranno esaminate più dettagliatamente ed utilizzate con esempi concreti, funzionanti e scaricabili.

IMPORTANTE:
Occorre essere sicuri di non avere nulla al di fuori del blocco di codice PHP, nemmeno una riga vuota.
Tutto ciò che si trova all'esterno del blocco PHP viene inviato al browser come parte dell'immagine, ed anche un singolo carattere o spazio alla fine del file causerà problemi.

header(), salva l'immagine nel formato desiderato

Per l'invio in output del file immagine è utile impostare il tipo MIME del file PHP.
L'azione è necessaria perché l'impostazione predefinita è solitamente su text/html.
Negli esempi che seguiranno, in pagine PHP senza tag HTML, sarà di solito utilizzato nelle versioni:

```
header("Content-type: image/gif"); // per le immagini GIF
header("Content-type: image/jpeg"); // per le immagini JPG
header("Content-type: image/png"); // per le immagini PNG
```

imagecreate(), crea una nuova immagine

Restituisce un identificatore immagine che rappresenta un'immagine con lo sfondo del primo colore creato se non specificato diversamente.
Le dimensioni, espresse in pixel, devono essere valori numerici interi.

imagecreate (int $width , int $height)

Parametri

- $width: Larghezza dell'immagine.
- $height: Altezza dell'immagine.

Valori restituiti:

Restituisce un identificatore di risorsa immagine in caso di successo, FALSE in caso di errori.

imagecolorallocate(), definisce un colore nel formato RGB

imagecolorallocate (resource $image , int $red , int $green , int $blue)

Parametri

- $image: una risorsa immagine restituita da una funzione di creazione immagine.
- $red: Valore della componente rossa.
- $green: Valore della componente verde.
- $bleu: Valore della componente blu.

Restituisce un identificatore di colore che rappresenta il colore composto con metodo RGB.
La prima chiamata a imagecolorallocate () colora lo sfondo dell'immagine precedentemente creata con il colore allocato.
Ciascun componente colore può avere un valore compreso tra 0 e 255 o in esadecimale tra 0x00 e 0xFF.

imagepng(), invia immagine al browser o la salva su disco

Invia al browser predefinito l'immagine in formato PNG
Oppure, se formulato in maniera idonea, salva l'immagine su disco.
(Per le specifiche della funzione, si veda il capitolo imagepng())

imagedestroy(), libera la memoria associata con l'immagine

imagedestroy (resource $image)

Parametri

- $image: Una risorsa immagine restituita da una funzione di creazione immagine.

Il prossimo esempio crea un'immagine delle dimensioni di 160 x 120 pixel con fondo verde.
L'immagine viene visualizzata sul monitor, salvata su disco con nome ed estensione
"es_03_imagecreate_Creare_una_nuova_immagine.png".
Infine, con imagedestroy libera la memoria.

es_03_imagecreate_Creare_una_nuova_immagine

```php
<?php
header("Content-Type: image/png"); // imposta il tipo MIME
$Immagine = imagecreate(160, 120); // crea l'immagine di 160 x 120 pixel

// alloca il colore verde, per default lo sfondo si colora di verde
imagecolorallocate($Immagine, 0, 255, 0);
imagepng($Immagine); // visualizza l'immagine nel browser predefinito
imagepng($Immagine," es_03_imagecreate_Creare_una_nuova_immagine.png "); // salva l'immagine
imagedestroy($Immagine); // libera la memoria


?>
```
Risultato:

imagejpeg(), crea un'immagine in formato jpeg

Il salvataggio può indifferentemente avere estensione jpg o jpeg.
Questo tipo di immagine non ha trasparenza.

imagejpeg(resource $image [,string $filename [, int $quality]])

Parametri

- $image: Una risorsa immagine restituita da una delle funzioni di creazione immagine.
- $filename: nome del file, opzionale, necessario se viene salvato su disco.
- $quality : Qualità dell'immagine.
  Può assumere valori da 0 (peggiore qualità) a 100 (qualità massima).
  Se omesso assume valore predefinito 75.

Esempi di salvataggio, l'estensione può essere jpg o jpeg :
imagejpeg($Immagine, " NomeFile.jpg", 100); // con qualità massima
imagejpeg($Immagine, " NomeFile.jpeg", 50); // con qualità medio bassa

es_04_imagejpeg

```php
<?php
header("Content-type: image/jpeg");
$Immagine = imagecreate(200, 200); // crea l'immagine
imagecolorallocate($Immagine, 255, 255, 0); // alloca il colore giallo colorandone lo sfondo
imagejpeg($Immagine, NULL, 100); // al browser predefinito con la massima qualità
imagejpeg($Immagine, "es_04_imagejpeg.jpg", 100); // salva su disco con qualità massima (100)
imagedestroy($Immagine); // libera memoria
?>
```
Risultato:

imagepng(), crea un'immagine in formato png

PNG è una scelta migliore rispetto all'utilizzo di file GIF, rappresentandone l'evoluzione tecnica, può avere zone
trasparenti, è completamente comprimibile e non ci sono problemi legali legati al copyright GIF.
PNG permette d'immagazzinare immagini in bianco e nero fino a 16 bit per pixel di profondità, in TrueColor,
fino a 48 bit per pixel di profondità di codifica. La compressione è senza perdita (lossless compression) fino al
25% migliore della compressione GIF.

imagepng (resource $image [, string $filename [, int $quality [, int $filters]]])

Parametri

- $image: Una risorsa immagine restituita da una funzione di creazione immagine.
- $filename: nome del file, opzionale, necessario se viene salvato su disco
- $quality: Livello di compressione, 0 nessuna compressione, 9 compressione massima.
- $filters: Permettono la riduzione delle dimensioni del file PNG.
  Si tratta di un campo di maschera di bit che può essere impostato su qualsiasi combinazione di costanti
  PNG_FILTER_XXX.

PNG_NO_FILTER   PNG_FILTER_NONE PNG_FILTER_SUB   PNG_FILTER_UP
PNG_FILTER_AVG   PNG_FILTER_PAETH   PNG_ALL_FILTERS
Secondo le specifiche PNG alle quali rimandiamo per approfondimenti a questo indirizzo:
http://www.w3.org/TR/PNG-Filters.html (in lingua inglese),
Lo scopo di questi filtri è quello di preparare i dati di immagine per la compressione ottimale.

Per salvare l'immagine su disco, è sufficiente aggiungere il nome e l'estensione:
es: imagepng($Immagine,"NomeFile.png"); // salva immagine

es_05_imagepng

```php
<?php
header("Content-type: image/png");
$Immagine = imagecreate(200, 200); // crea immagine di 200 x 200 pixel
imagecolorallocate($Immagine, 0, 255, 255); // alloca il colore azzurro, colorandone lo sfondo
imagepng($Immagine); // al browser predefinito
imagepng($Immagine,"es_05_imagepng.png"); // salva immagine
imagedestroy($Immagine); // libera meoria
?>Risultato:
```

imagegif(),crea un'immagine in formato GIF
Per impostazione predefinita, l'immagine è in formato GIF87a.
Questo tipo d'immagine può anche avere trasparenza.
La GIF con trasparenza è possibile crearla con la funzione imagecolortransparent()
Poiché il supporto GIF è diverso fra diverse versioni GD, utilizzare PNG è una scelta migliore.

imagegif (resource $image [, string $filename])

Parametri

- $image: Una risorsa immagine restituita da una funzione di creazione immagine.
- $filename: nome del file, opzionale, necessario se viene salvato su disco.

Per salvare l'immagine su disco, è sufficiente aggiungere il nome e l'estensione:
es: imagegif($Immagine,"NomeFile.gif"); // salva immagine

es_06_imagegif

```php
<?php
header('Content-Type: image/gif');
$Immagine = imagecreate(200, 200); // crea immagine di 200 x 200 pixel
imagecolorallocate($Immagine, 255, 0, 255); // alloca il colore Viola e per default lo sfondo dell'immagine è viola
imagegif($Immagine); // al browser predefinito
imagegif($Immagine,"es_06_imagegif.gif"); // salva
imagedestroy($Immagine); // libera memoria
```

?>Risultato:

imagecreatetruecolor(),crea immagini fino a 16,7 milioni di colori

Simile a imagecreate(), ne è la versione evoluta, necessita degli stessi parametri, ma crea immagini in grado di avere fino a 16,7 milioni di colori.

Questa funzione restituisce un identificatore immagine nero delle dimensioni specificate.

In altre parole, se non viene dichiarato e assegnato nessun colore l'immagine ha sfondo nero.

Conosciuta anche con l'espressione "Milioni di colori" dagli utenti Macintosh e Linux, in questa modalità di memorizzazione delle informazioni immagine, il colore di ogni pixel è codificato da tre o più byte.

Di ciascuno dei tre canali RGB (Rosso, Verde e Blu), ogni byte ne esprime l'intensità.

Poiché un byte è formato da 8 bit, può memorizzare 256 valori (2 elevato all'ottava) che per questo tipo di immagine si traducono in 256 intensità differenti per ciascun canale Rosso, Verde e Blu.

La combinazione delle intensità dei tre canali consente di rappresentare 16.777.216 colori differenti.

L'occhio umano è in grado di distinguere "solo" 10 milioni di colori!

Supporta il canale Alpha, per la rappresentazione di immagini traslucide, ombre e dissolvenze.

Il canale Alpha può avere valori fra, 0=completamente opaco, 127=completamente trasparente.

imagecreatetruecolor (int $width , int $height)

Parametri

- $width: Larghezza dell'immagine espressa come numero intero di pixel
- $height: Altezza dell'immagine espressa come numero intero di pixel

L'esempio seguente crea una immagine truecolor di 120 x 120 pixel che apparirà nera.

es_07_imagecreatetruecolor_1

```php
<?php
header ('Content-Type: image/png');
$immagine = imagecreatetruecolor(120, 120); // crea immagine truecolor di 120 x 120 pixel
imagepng($immagine); // al browser
imagepng($immagine,"es_07_imagecreatetruecolor_1.png");// salva
imagedestroy($immagine); // libera memoria
?>
```
Risultato:

truecolor e trasparenza

Di seguito una sintetica illustrazione, per maggiori dettagli si veda il capitolo:
Creare immagini con trasparenza e le funzioni imagecolorallocatealpha (); imagealphablending() ;
imagesavealpha() .

Se si desidera creare un'immagine PNG con sfondo o parti trasparenti sono necessarie le seguenti operazioni.
Creare l'immagine TrueColor nel modo sopra descritto, quindi "colorare" l'immagine con un colore impostando
il canale Alpha al valore 127, cioè completamente trasparente.
Il PNG risultante dell'esecuzione dal codice seguente, avrà un rettangolo rosso su uno sfondo completamente
trasparente.

es_08_imagecreatetruecolor_2

```php
<?php
$Immagine = imagecreatetruecolor(320, 240);// crea immagine truecolor
imagesavealpha($Immagine, true); // imposta il flag per salvare informazioni con canale Alpha
$CanaleAlpha = imagecolorallocatealpha($Immagine, 0, 0, 0, 127); // vedere il paragrafo imagesavealpha()
imagefill($Immagine, 0, 0, $CanaleAlpha); // rende immagine trasparente, vedere paragrafo imagefill()
imagepng($Immagine,"es_08_imagecreatetruecolor_2_A.png");// salva immagine su disco

// L'immagine è completamente trasparente. Verificare, eventualmente, con un software di grafica
$Rosso = imagecolorallocate($Immagine, 255, 0, 0); // alloca il colore rosso

// disegna sull'immagine un rettangolo rosso
imagerectangle($Immagine, 40,40,280,200, $Rosso); // vedere paragrafo imagerectangle() per i dettagli

header("Content-type: image/png");
imagepng($Immagine); // al browser
imagepng($Immagine,"es_08_imagecreatetruecolor_2_B.png"); // salva immagine
imagedestroy($Immagine); // libera memoria
?>
```
Risultato:

imageistruecolor(), verifica se l'immagine è un'immagine TrueColor

Questo tipo di immagini consente di rappresentare 16.777.216 colori più il canale di trasparenza.

imageistruecolor (resource $image)

Parametri

- $imag: Una risorsa immagine, restituita da una delle funzioni di creazione immagini, come ad esempio
  imagecreate() o imagecreatetruecolor().

Restituisce TRUE se l'immagine è TrueColor, altrimenti FALSE.

es_09_imageistruecolor

```php
<?php
// crea due immagine per i test
```

```
$ImmagineA = imagecreate(30,20);
$ImmagineB = imagecreatetruecolor(30,20);

// esegue i test
if(imageistruecolor($ImmagineA))
{echo"<br>immagineA = immagine truecolor";}
else
{echo"<br>immagineA = immagine NON truecolor";}
if(imageistruecolor($ImmagineB))
{echo"<br>immagineB = immagine truecolor";}
else
{echo"<br>immagineB = immagine NON truecolor";}

imagedestroy($ImmagineA);imagedestroy($ImmagineB); // libera memoria
?>
```

Caricare immagini e manipolarle

GD permette di caricare immagini esistenti precedentemente memorizzate su supporto fisico.
Queste immagini possono poi essere manipolate con i comandi della libreria.
I formati più usati sono JPEG (JPG), PNG, GIF.
Le funzioni per caricare i file hanno fra loro minime differenze dovute al diverso tipo di formato.
Queste funzioni sono imagecreatefromgif(), imagecreatefromjpeg(), imagecreatefrompng()
operano in modo analogo alla funzione imagecreate() ma invece di passare i parametri larghezza e altezza come
accade con imagecreate(), è necessario passare, eventuale percorso, ed il nome del file immagine.
Ciascuna funzione restituisce un identificatore immagine che rappresenta l'immagine ottenuta dal nome del file
specificato (se in altra cartella è necessario eventuale percorso).

imagecreatefromgif(), carica immagine in formato gif

es_12_imagecreatefromgif
```
<?php
header('Content-Type: image/gif');
$immagine = imagecreatefromgif('es_12_immagine_test.gif'); // carica l'immagine
imagegif($immagine); // la mette a video
imagedestroy($immagine); // libera memoria
?>
```

imagecreatefromjpeg(), carica immagine in formato jpeg

Occorre fare attenzione fra jpeg e jpg che sono al stessa cosa, ma nella funzione è usato jpeg

es_13_imagecreatefromjpeg
```
<?php
header('Content-Type: image/jpeg');
$immagine = imagecreatefromjpeg('es_13_immagine_test.jpg'); // carica l'immagine
imagejpeg($immagine); // la mette a video
imagedestroy($immagine); // libera memoria
?>
```

imagecreatefrompng(), carica immagine in formato png.

es_14_imagecreatefrompng
```
<?php
header('Content-Type: image/png');
$immagine = imagecreatefrompng('es_14_immagine_test.png'); // carica l'immagine
```

```
imagepng($immagine); // la mette a video
imagedestroy($immagine); // libera memoria
?> Risultato es: 12, 13, 14
```

imagecreatefromstring(), crea immagine da una stringa

Restituisce un identificatore immagine che rappresenta l'immagine ottenuta dai dati. (JPEG, PNG, GIF, WBMP, GD2).

Per constatare una rappresentazione reale di immagine per questo metodo, aprire un'e-mail che contenga un'immagine allegata, quindi dalla voce menù "Visualizza" selezionare la sottovoce "Sorgente del messaggio".

es_15_imagecreatefromstring

```php
<?php
$data =
'/9j/4QAYRXhpZgAASUkqAAgAAAAAAAAAAAAAP/sABFEdWNreQABAAQAAAAeAAD/7gAhQW
Rv'
.'YmUAZMAAAAABAwAQAwIDBgAAApUAAAO5AAAINf/bAIQAEAsLCwwLEAwMEBcPDQ8XGxQ
QEBQb'
.'HxcXFxcXHx4XGhoaGhceHiMlJyUjHi8vMzMvL0BAQEBAQEBAQEBAQAERDw8RExEVEhIV'
.'FBEUERQaFBYWFBomGhocGhomMCMeHh4eIzArLicnJy4rNTUwMDU1QEA/QEBAQEBAQEBAQEB
A'
.'/8IAEQgANQBkAwEiAAIRAQMRAf/EALcAAAIDAQEBAAAAAAAAAAAAAAFAwQGAgEHAQAD
AQEA'
........................
........................ vedere la stringa completa nel file es_15_imagecreatefromstring.php
........................
.'lo/sa/v4HilohdlXTdRL2mRey6jlZfWOjEYRgySEAMNlCaYnlnXi2+qaZlqRqRAdAqvmx+xj'
.'rztJ/XhEjREiSumFBoQahpOS8tDt24futskLSAK7gszaQQ1Osx2kYeC4iWaKQqWViRmlaZqR'
.'vw1taxLBHPcKCqljUqpdiSxO5cW81zbLNNOXcszOKKG0KAFYD3TgSW1pFFINklC7LzrxCwB8'
.'2CSSSTUk5knHyzw/9y4/Wl2rbxna7/W+EY+S6P8AT4XBplWnxfzV61d/kN54Y4tLquplIrDI'
.'29l5Dzjz1wy3dmtmGGgzxxrwmFdnFjXIHcaY1RsHXepr7PoBJESRAdQWRFcAkUJGoHAAACqA'
.'qqoCqqjYAFoBgRa+JMxosMQMkhO4KlcAyqfC7Q7WejXLj6qjqp588d3soxGldTttd25WdjmT'
.'9BuJTRTratlOeuG16O85/sq8XVz8HL72WD3V/E0Xk4iQOv8A2OrY/TuGP+SCMfkuDj++tOaF'
.'a+ufFZri8YcoggtlPpe4b2YHzQ+JEf8AsqIq1FK92y/hvwfkvdtHvd30V+1pz9P0P//Z';

$data = base64_decode($data);
$immagine = imagecreatefromstring($data);
header('Content-Type: image/png');
imagepng($immagine);
imagepng($immagine, "es_15_imagecreatefromstring.png");
imagedestroy($immagine);
?>Risultato:
```

File, esistenza e dimensioni

Quando devono caricare file esistenti su disco, è importante verificare la loro reale presenza ed in caso di esito negativo evitare di mandare in esecuzione codice che genererebbe errore.
Una volta appuratone l'esistenza e caricato in memoria è di solito necessario conoscerne le dimensioni.

file_exists, verifica esistenza file

Permette di verificare l'esistenza di un file sul server.
Non fa tecnicamente parte della libreria GD2 perché può testare l'esistenza di un qualsiasi tipo di file, anche non grafico come ad es. testo, audio, video ecc.

file_exists (string $filename)

Descrizione

- $filename: Il nome di un file compresa estensione (e percorso se in altra cartella).

Restituisce TRUE se il file esiste, in caso contrario FALSE.

Note:

1. Restituisce FALSE per i link simbolici che puntano a file inesistenti.
2. Restituisce FALSE per i file inaccessibili a causa di modalità provvisoria o restrizioni.
3. Può restituire risultati imprevisti per i file che sono più grandi di 2 GB.

es_15_A_file_exists

```php
<?php
// verifica esistenza file cane.png
$filename = "cane.jpg";
if (file_exists($filename)) {echo "il file $filename esiste<br>";}
else {echo "Il file $filename non esiste<br>";}

// verifica esistenza file gatto.png
$filename = "gatto.png";
if (file_exists($filename)) {echo "il file $filename esiste<br>";}
else {echo "Il file $filename non esiste<br>";}
?>
```

getimagesize(),ottenere la dimensione di un'immagine

Legge le dimensioni di un file immagine e restituire un array i cui indici 0 e 1 contengono il valore di larghezza e altezza dell'immagine.
Indice 2 (il terzo da zero) è una costante IMAGETYPE_XXX, indica il tipo di immagine.
Indice 3 (il quarto da zero) è una stringa di testo con dimensioni formattate per tag in pagine web.

getimagesize (string $filename [, array &$imageinfo])

Parametri

- $filename: Il file del quale si desidera recuperare le informazioni.
  Si può fare riferimento a un file locale o (configurazione permettendo) un file remoto.
- $imageinfo: Parametro opzionale consente, di estrarre alcune informazioni aggiuntive.

es_15_B_getimagesize

```php
<?php
$NomeFile = "cane.jpg";
$infoImage = getimagesize($NomeFile); //Legge le dimensioni di una immagine
echo "<br>$NomeFile : larghezza = ".$infoImage[0]; // larghezza
echo " altezza = ".$infoImage[1]; // altezza
echo "<br>costante IMAGETYPE_XXX = ".$infoImage[2];
echo "<br>Dimensioni formattate per tag in pagine web = ".$infoImage[3];
?>
```
Immagine testata: cane.jpg

Risultato:
cane.jpg : larghezza = 230 altezza = 179
costante IMAGETYPE_XXX = 2
Dimensioni formattate per tag in pagine web = width="230" height="179"

imagesx() e imagesy(), larghezza e altezza di un'immagine
imagesx (resource $image) - imagesy (resource $image)

Parametri

- $image: Una risorsa immagine restituita da una funzione di creazione immagine.

es_15_C_imagesx_imagesy

```php
<?php
$img = imagecreatetruecolor(300, 200);// crea immagine di 300*200 pixel
echo "<br>Larghezza immagine: ".imagesx($img); // 300
echo "<br>Altezza immagine: ".imagesy($img); // 200
?>
```

imagegrabscreen(), cattura lo schermo
Ad oggi (2016), questa funzione è disponibile solo su Windows. L'esempio seguente dimostra come acquisire uno screenshot della schermata corrente e salvarla come immagine png.

es_16_imagegrabscreen

```php
<?php
header('Content-Type: image/png');
$immagine = imagegrabscreen(); // cattura lo schermo
imagepng($immagine, "es_16_imagegrabscreen.png"); // salva l'immagine in formato png
imagedestroy($immagine);// libera memoria
?>
```

imagecolorstotal(), legge la quantità di colori nella tavolozza di un'immagine
Da utilizzare per le immagini che hanno fino a 256 colori, ritorna 0 per le immagini TrueColor.

imagecolorstotal (resource $image)

Parametri

- $image: Una risorsa immagine restituita da una funzione di creazione immagine.

es_17_imagecolorstotal

```php
<?php
// Carica immagine gif con max 256 colori
$Immagine = imagecreatefromgif('es_17_imagecolorstotali.gif');echo "Colori che compongono l'immagine
'ImmagineTestColori.gif' : " . imagecolorstotal($Immagine);
imagedestroy($Immagine); // libera memoria
?>Immagine letta nell'esempio:
```

Disegnare sulle immagini

Dopo aver creato o caricato da disco un'immagine, eventualmente impostato il colore per lo sfondo, è possibile iniziare a disegnare su di essa.

GD fornisce le funzioni necessarie per disegnare punti, linee, rettangoli, ellissi, archi, poligoni ecc.

Fornisce anche filtri già pronti all'uso per le manipolazione di figure complesse, esposti in capitoli successivi.

Per quanto riguarda agli argomenti che è necessario passare alle funzioni GD, tutte seguono un modello simile fra loro seguendo questo schema:

1. Risorsa immagine (immagine su cui si opera).
2. Coordinate x,y dei pixel che si desidera disegnare o usare come riferimento per linee archi ecc.
   La loro quantità varia in ragione della forma che si desidera tracciare.
   Per es. se si disegna un solo pixel, è necessario fornire solo le coordinate x, y, di quel punto, se si disegna un segmento, è necessario fornire le coordinate x,y dei punti di inizio e fine.
3. L'ultimo parametro è sempre il colore con il quale si desidera disegnare.

imagesetpixel(), disegnare un singolo pixel

imagesetpixel(resource $image , int $x , int $y , int $color)

Parametri

- $image: Una risorsa immagine restituita da una delle funzioni di creazione immagine.
- $x: coordinata x del punto da disegnare
- $y: coordinata y del punto da disegnare
- $color: Colore del punto

es_18_imagesetpixel

```php
<?php
$Immagine = imagecreate(160, 120); // alloca in memoria lo spazio per una immagine di 160x120 pixel
imagecolorallocate($Immagine,100, 255, 50); // l'immagine è colorata con una tonalità di verde.
$Rosso = imagecolorallocate($Immagine,255,0,0); // setta il colore rosso per disegnare il pixel
imagesetpixel($Immagine, 80,60, $Rosso); // colora in rosso il pixel nella posizione x,y = 80,60

header('Content-Type: image/png');
imagepng($Immagine); /// // crea immagine in formato png e la invia al browser predefinito
imagepng($Immagine, "es_18_imagesetpixel.png" ); // salva l'immagine in formato png
imagedestroy($Immagine); // libera la memoria ustata per l'immagine
```

?>Risultato:

imageline(), disegna una linea

Funzione che permette di disegnare un segmento di retta.
Sostanzialmente uguale a imagesetpixel(), l'unica differenza è che oltre a richiedere le coordinate x,y del punto di partenza richiede anche le coordinate x,y di fine del segmento.

imageline (resource $image , int $x1 , int $y1 , int $x2 , int $y2 , int $color)

Parametri

- $image: Una risorsa immagine, restituita da una delle funzioni di creazione immagine.
- $x1: coordinata x di inizio del segmento
- $y1: coordinata y di inizio del segmento
- $x2: coordinata x di fine del segmento
- $y2: coordinata y di fine del segmento
- $color : colore del segmento

es_19_imageline

```php
<?php
$Immagine = imagecreate(160, 120); // alloca in memoria lo spazio per una immagine di 160x120pixel
imagecolorallocate($Immagine,100, 255, 50); // l'immagine è colorata con una tonalità di verde.
$Rosso = imagecolorallocate($Immagine,255,0,0); // setta il colore rosso
imageline($Immagine, 80,60,160,120, $Rosso); // disegna segmento rosso tra x,y=80,60 e x,y =160,120
header('Content-Type: image/png');
imagepng($Immagine); // invia al browser predefinito
imagepng($Immagine, "es_19_imageline.png" ); // // salva l'immagine
imagedestroy($Immagine); // libera memoria
?> Risultato:
```

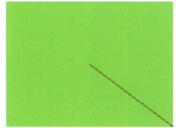

imagesetstyle(),imposta lo stile per disegnare parti tratteggiate

Lo stile può essere utilizzato da tutte le funzioni che disegnano linee come ad es. Imageline() e imagepolygon ().
Esistono due costanti, IMG_COLOR_STYLED e IMG_COLOR_STYLEDBRUSHED, una sorta di "colori speciali" che possono essere utilizzati al posto dei colori allocati con imagecolorallocate() e/o imagecolorallocatealpha()
Vedere i capitoli che approfondiscono questi argomenti.

imagesetstyle (resource $image , array $style)

Parametri

- $image: Una risorsa immagine, restituita da una funzione di creazione immagine.
- $style: Una gamma di colori.

È possibile utilizzare la costante IMG_COLOR_TRANSPARENT per aggiungere pixel trasparenti.
Il seguente esempio crea un'immagine con sfondo giallo e disegna una linea tratteggiata di colore verde, rosso e trasparente (6 punti ciascuno) fra i due angoli opposti dell'immagine.

es_20_imagestyle

```
<?php
$Immagine = imagecreatetruecolor(160, 120);
$Giallo = imagecolorallocate($Immagine, 255, 255, 0); // alloca il giallo per lo sfondo dell'immagine
imagefill($Immagine, 0, 0, $Giallo); // Colora lo sfondo di giallo.
$Verde = imagecolorallocate($Immagine, 0, 255, 0); // alloca colore verde
$Rosso = imagecolorallocate($Immagine, 255, 0, 0); // alloca colore rosso

$style = array(// prepara lo style per scrivere il segmento
        $Rosso, $Rosso, $Rosso,$Rosso, $Rosso, $Rosso, // 6 pixel rossi
        $Verde, $Verde, $Verde,$Verde, $Verde, $Verde, // 6 pixel verdi
        IMG_COLOR_TRANSPARENT,IMG_COLOR_TRANSPARENT,IMG_COLOR_TRANSPAREN
T,IMG_COLOR_TRANSPARENT,IMG_COLOR_TRANSPARENT
        );

imagesetstyle($Immagine, $style); // associa lo style all'immagine
imageline($Immagine, 0, 0, 160, 120, IMG_COLOR_STYLED); // disegna il segmento

header("Content-type: image/jpeg");
imagejpeg($Immagine); // al browser
imagepng($Immagine, "es_20_imagestyle.png" ); // salva
imagedestroy($Immagine); // libera memoria
?>Risultato:
```

imagedashedline(), disegna una linea tratteggiata
Segnalata qui per completezza, presenta un bug almeno fino alla versione PHP 5.1.1. **Utilizzare imagesetstyle()**

imageantialias(), sfumare i bordi per non far notare le scalettature
Consente di sfumare i bordi delle linee oblique in modo da minimizzare le scalettature.
Per eseguire tale compito inserisce attorno alle scalettature di archi, linee oblique o lettere, dei pixel con colori man mano più chiari così da annullare lo sgradevole effetto.
Funziona solo con le immagini TrueColor e non supporta il canale di trasparenza Alpha.

imageantialias (resource $image , bool $enabled)

Parametri

- $image: Una risorsa immagine restituita da una funzione di creazione immagine.
- $enabled : true o false. Abilita/disabilita l'antialias

es_21_imageantialias

```php
<?php
// Impostazione di un'immagine anti-aliasing e una immagine normale
$ImmagineAntialias = imagecreatetruecolor(400, 100);
$ImmagineNormale = imagecreatetruecolor(200, 100);

// Attiva antialiasing per l'immagine $ImmagineAntialias
imageantialias($ImmagineAntialias, true);

// alloca colori per entrambe le immagini
$Rosso1 = imagecolorallocate($ImmagineNormale, 255, 0, 0);
$Rosso2 = imagecolorallocate($ImmagineAntialias, 255, 0, 0);

// Disegna linee curve per mostrarne la differenza grafica, vedere imageellipse() per approfondimenti
imageellipse($ImmagineNormale, 0, 0, 200, 100, $Rosso1);
imageellipse($ImmagineAntialias, 0, 0, 200, 100, $Rosso2);

// Unisce le due immagini a fianco per mostarne le differenze nell'otpout.
imagecopymerge($ImmagineAntialias, $ImmagineNormale, 200, 0, 0, 0, 200, 100, 100);

header('Content-type: image/png');
imagepng($ImmagineAntialias); // al browser
imagepng($ImmagineAntialias, "es_21_imageantialias.png"); // salva immagine
imagedestroy($ImmagineAntialias); imagedestroy($ImmagineNormale); // libera memoria
?>
```

Risultato:

imagerectangle(), disegnare rettangoli

imagerectangle (resource $image , int $x1 , int $y1 , int $x2 , int $y2 , int $color)

Parametri

- $image: Una risorsa immagine restituita da una funzione di creazione immagine.
- $x1: Coordinata x, del punto in alto a sinistra del rettangolo
- $y1: Coordinata y, del punto in alto a sinistra del rettangolo
- $x2: Coordinata s, del punto in basso a destra rettangolo
- $y2: Coordinata y, del punto in basso a destra rettangolo
- $color : Un identificatore di colore creato con imagecolorallocate()

Una volta creata oppure caricata l'immagine, per disegnare un rettangolo è necessario specificare due posizioni x,y all'interno di questa, cioè i due angoli opposti del rettangolo.
La sintassi di imagerectangle() è simile alla funzione imageline(), solo che con imagerectangle(), le coordinate x,y di inizio e x,y finali non determinano inizio e fine del segmento, ma le posizioni degli angoli opposti del rettangolo.
Non è strettamente necessario che siano passati in un'ordine particolare, infatti le funzioni
imagerectangle($immagine, 80,60,150,110, $rosso)
imagerectangle($immagine, 150,110,80,60, $rosso)
producono lo stesso risultato.

es_22a_imagerectangle

```php
<?php
$Immagine = imagecreate(160, 120); // crea immagine di 160 x 120 pixel
imagecolorallocate($Immagine,0, 255, 0); // l'immagine è colorata di verde.
$Rosso = imagecolorallocate($Immagine,255,0,0); // alloca il colore rosso
imagerectangle($Immagine, 80,60,150,110, $Rosso); // disegna un rettangolo

header('Content-Type: image/png');
imagepng($Immagine);// al browser predefinito
imagepng($Immagine, "es_22a_imagerectangle.png" ); // salva l'immagine
imagedestroy($Immagine); // libera memoria
?>
```
Risultato:

imagefilledrectangle(), disegnare rettangoli con l'interno del colore del bordo

imagerectangle (resource $image , int $x1 , int $y1 , int $x2 , int $y2 , int $color)

Parametri

- $image: Una risorsa immagine restituita da una funzione di creazione immagine.
- $x1: Coordinata x, del punto in alto a sinistra del rettangolo
- $y1: Coordinata y, del punto in alto a sinistra del rettangolo
- $x2: Coordinata s, del punto in basso a destra rettangolo
- $y2: Coordinata y, del punto in basso a destra rettangolo
- $color : Un identificatore di colore creato con imagecolorallocate()

es_22b_imagefilledrectangle

Disegna un rettangolo colorato all'interno con il colore dei lati.
L'unica differenza con l'esempio precedente è questa linea:

imagefilledrectangle($Immagine, 80,60,150,110, $Rosso); // disegna un rettangolo colorato come perimetro
che sostituisce
imagerectangle($Immagine, 80,60,150,110, $Rosso); // disegna un rettangolo
Risultato:

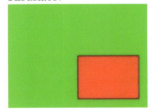

imageellipse(), disegna ellissi e circonferenze

Disegna circonferenza ed ellisse centrate alle coordinate specificate.

imageellipse (resource $image , int $cx , int $cy , int $width , int $height , int $color)

Parametri

- $image: una risorsa immagine restituita da una funzione di creazione immagine.
- $cx: coordinata x del centro
- $cy: coordinata y del centro
- $width: larghezza dell'ellisse sull'asse X
- $height: altezza dell'ellisse sull'asse Y
- $color: colore dell'ellisse. Un identificatore di colore creato con imagecolorallocate()

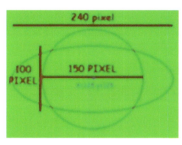

Per disegnare un'ellisse è necessario fornire il suo punto centrale, e specificare il diametro dell'ellisse secondo gli assi x e y.
Questo significa che se i diametri hanno lo stesso valore, invece di un'ellisse sarà disegnato un cerchio.
Nel caso l'ellisse esca fuori dall'immagine, non ci sarà nessun errore, solo che quella parte non sarà disegnata.

s_23_imageellipse

```php
<?php
$immagine = imagecreatetruecolor(250, 250); // Crea l'immagine di 300 x 300 pixel
$Verde = imagecolorallocate($immagine, 0, 255, 0); // alloca colore verde
imagefill($immagine, 0, 0, $Verde);// definisce in verde lo sfondo dell'immagine.
$Rosso = imagecolorallocate($immagine, 255, 0, 0); // alloca colore rosso

// Disegna ellisse e cerchio
imageellipse($immagine, 125, 125, 240, 100, $Rosso); // ellisse
imageellipse($immagine, 125, 125, 150, 150, $Rosso); // cerchio

header("Content-type: image/png");
imagepng($immagine); // al browser predefinito
imagepng($immagine, "es_23_imageellipse.png"); // salvata
imagedestroy($immagine);// libera memoria
?>
```
Risultato:

imagefilledellipse(), disegna ellissi e circonferenze con l'interno del colore del bordo

Praticamente identica a imageellipse(), si distingue da questa perché il colore utilizzato, invece di essere usato solo per il disegno, ne riempie anche la superficie.

es_24_imagefilledellipse

```php
<?php
$Immagine = imagecreatetruecolor(250, 250);// Crea l'immagine di 300 x 300 pixel
$Verde = imagecolorallocate($Immagine, 0, 255, 0); // alloca colore verde
imagefill($Immagine, 0, 0, $Verde);// definisce in verde lo sfondo dell'immagine.
// Definisce il colore per ellisse e cerchio come rosso e blu

$Rosso = imagecolorallocate($Immagine, 255, 0, 0);
$Blu = imagecolorallocate($Immagine, 0, 0, 255);
```

```
// Disegna ellisse e cerchio con l'interno colorato
imagefilledellipse($Immagine, 125, 125, 240, 100, $Rosso); // ellisse
imagefilledellipse($Immagine, 125, 125, 150, 150, $Blu); // cerchio

header("Content-type: image/png");
imagepng($Immagine); // al browser predefinito
imagepng($Immagine, "es_24_imagefilledellipse.png"); // salva
imagedestroy($Immagine); // libera memoria
?>Risultato:
```

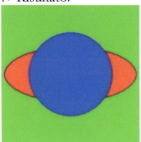

imagearc(), disegnare archi

In geometria un arco è definito la parte di una curva regolare compresa fra due suoi punti, detti estremi dell'arco, con GD2, per disegnare un arco, è necessaria la funzione imagearc().

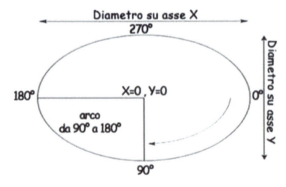

Identificatori per il disegno di un arco

Pur essendo stata ideata per tracciare archi, questa funzione è molto flessibile tanto che, con parametri idonei, è possibile creare facilmente anche circonferenze ed ellissi.

Gli archi, i cui valori sono in gradi, vengono disegnati in senso orario, dove 0° è l'angolo all'estremità destra dell'asse X di un'ipotetica ellisse.

Da quel punto, il disegno avviene sulla circonferenza dell'ellisse muovendosi in senso orario, cioè verso il basso e verso sinistra, fino a compiere tutto il percorso fino al punto di partenza.

Per esempio, specificando un angolo iniziale di 90° e un angolo finale di 180°, si potrebbe creare un arco a partire dal punto più basso e terminare all'estrema sinistra. Invece un inizio di 180° e finale a 270° disegna un arco di dimensioni analoghe ma ribaltato rispetto al precedente.

Per disegnare un'ellisse o cerchio basta specificare un arco della dimensione di 360°.

imagearc (resource $image , int $cx , int $cy , int $width , int $height , int $start , int $end , int $color)

Parametri

- $image: Una risorsa immagine restituita da una funzione di creazione immagine.
- $cx: Coordinata x del centro del cerchio o ellisse del quale fa parte l'arco.
- $cy: Coordinata y del centro del cerchio o ellisse del quale fa parte l'arco.
- $width: Diametro sull'asse X, del cerchio o ellisse, di cui l'arco fa parte.
- $height: Diametro sull'asse Y, del cerchio o ellisse, di cui l'arco fa parte.
- $start: Punto di partenza dell'arco angolare espresso in gradi (0° - 360°)
- $end: Punto finale dell'arco angolare espresso in gradi (0° - 360°)
  - o 0° punto di partenza alla posizione ore 3, l'arco viene disegnato in senso orario.
  - o 90 a ore 6
  - o 180 a ore 9
  - o 270 a ore 12
- $color: un identificatore di colore creata con imagecolorallocate ().

L'es_25_imagearc evidenzia la diversità degli archi su circonferenza ed ellissi in funzione dei punti di inizio e fine (espressi in gradi) dell'arco.

es_25_imagearc
http://www.taccetti.net/web/phpgd2/index.php?id=51

```php
<?php // es_25_imagearc
$RaggioOrizzontale = isset($_POST['RaggioOrizzontale']) ? $_POST['RaggioOrizzontale'] : 200;
$RaggioVerticale = isset($_POST['RaggioVerticale']) ? $_POST['RaggioVerticale'] : 80;
$GradiStart = isset($_POST['GradiStart']) ? $_POST['GradiStart'] : 200;
$GradiEnd = isset($_POST['GradiEnd']) ? $_POST['GradiEnd'] : 120;

function DisegnaArco($Immagine,$RaggioOrizzontale,$RaggioVerticale,$GradiStart,$GradiEnd){
// prepara lo style tratteggiato per disegnare circonferenze ed ellissi tratteggiate
$Giallo = imagecolorallocate($Immagine, 255,255,0); // alloca il giallo per l'arco
$style = array($Giallo, $Giallo, $Giallo, // 3 pixel giallo
IMG_COLOR_TRANSPARENT,IMG_COLOR_TRANSPARENT,IMG_COLOR_TRANSPARENT//3 pixel trasparenti
);

imagesetstyle($Immagine, $style);// associa lo style all'immagine
imagesetthickness($Immagine, 3);// dimensione del tratto 3 pixel(non agisce su imageellipse )

// circonferenze
imageellipse($Immagine, 200, 200, $RaggioOrizzontale, $RaggioVerticale, IMG_COLOR_STYLED);
 $GradiStart, $GradiEnd, $Giallo);
imagestring($Immagine, 5, 20, 15, "Raggi O:V=$RaggioOrizzontale:$RaggioVerticale
Gradi:$GradiStart:$GradiEnd" , $Giallo); // scrive testo
}

$Immagine = imagecreatetruecolor(400, 400);// crea immagine
$Viola = imagecolorallocate($Immagine, 173, 0, 173); // alloca colore viola
imagefill($Immagine, 0, 0, $Viola);// sfondo immagine in viola
$Giallo = imagecolorallocate($Immagine, 255,255,0); // alloca il giallo per l'arco
imageline ($Immagine, 0 , 200 , 400 , 200 , $Giallo );
imageline ($Immagine, 200 , 0 , 200 , 400 , $Giallo );// assi
imagestring($Immagine, 5, 40, 185, "180' 0'",$Giallo); // scrive testo
imagestringup($Immagine, 5, 185, 355, "90' 270'",$Giallo); // scrive testo

DisegnaArco($Immagine,$RaggioOrizzontale,$RaggioVerticale,$GradiStart,$GradiEnd);
imagepng($Immagine,"es_25_imagearc.png");// salva
imagedestroy($Immagine);// libera la memoria
?>
<!doctype html><html><head><meta charset="utf-8"></head><body>
<img src="es_25_imagearc.png">
</body></html>
```
Esempio di risultati:

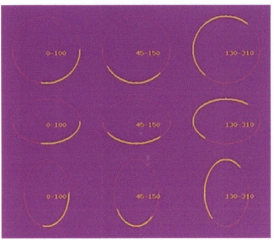

Con imagearc() è possibile disegnare spirali come nell'esempio che segue.

es_26_imagearc_disegnare_spirali
http://www.taccetti.net/web/phpgd2/index.php?id=75

```php
<?php
$Immagine = imagecreate(500, 500);// crea immagine
imagecolorallocate($Immagine, 255, 255, 0); // sfondo giallo
$Rosso = imagecolorallocate($Immagine, 255, 0, 0); // rosso, colore della spirale
$Raggio = 0; $AngoloSpirale = 0; // valori di partenza
$VAS = 13; // variazione angolo della spirale

while($Raggio <= 500 ) {          // loop che crea la spirale
        // Disegna gli archi
imagearc($Immagine, 250, 250, $Raggio, $Raggio, $AngoloSpirale-$VAS, $AngoloSpirale, $Rosso);
$AngoloSpirale += $VAS;
$Raggio++;
}
header("Content-Type: image/png");
imagepng($Immagine); // al browser
imagepng($Immagine,"es_26_imagearc_disegnare_spirali.png"); // salva immagine
imagedestroy($immagine);// libera la memoria
?> Risultato:
```

Con minimi cambiamenti rispetto all'esempio precedente, questo script disegna un vortice.

es_27_imagearc_disegnare_vortici
http://www.taccetti.net/web/phpgd2/index.php?id=76

```php
<?php
$Immagine = imagecreate(500, 500);// crea immagine
imagecolorallocate($Immagine, 255, 255, 0); // sfondo giallo
```

```
// colori del vortice
$Colore[0] = imagecolorallocate($Immagine, 255, 0, 0); // rosso
$Colore[1] = imagecolorallocate($Immagine, 0, 0, 255); // blu

$Raggio = 0; $AngoloVortice = 0; $C = 0; // valori di partenza

while($Raggio <= 500 ) {  // loop che crea il vortice

// Disegna gli archi
imagearc($Immagine, 250, 250, $Raggio, $Raggio, $AngoloVortice-15, $AngoloVortice, $Colore[$C]);
$AngoloVortice += 28;
$Raggio++;
$C++; if($C>1){$C = 0;}
}

header("Content-Type: image/png");
imagepng($Immagine); // al browser
imagepng($Immagine,"es_27_imagearc_disegnare_vortici.png"); // salva immagine
imagedestroy($immagine);// libera la memoria
?>Risultato:
```

imagefilledarc(),disegnare archi, corde, triangoli ecc. con l'interno trasparente o colorato

Simile a imagearc ma molto più flessibile, l'arco può anche essere disegnato come corda e la superfice delimitata fra i margini ed il centro può essere colorata. Con questa funzione possono essere disegnate circonferenze ed ellisse, nel primo caso i valori degli assi X ed Y sono identici.
L'arco viene disegnato in senso orario da 0 a 360 gradi con 0 a ore 3.
Se usati valori superiori a 359, non sarà generato errore, ma il sistema sottrarrà 360 dal valore dato.

imagefilledarc(resource $image,int $cx,int $cy,int $width,int $height,int $start,int $end,int $color,int $style)

Parametri

- $image: una risorsa immagine restituita da una funzione di creazione immagine.
- $cx: coordinata x del centro del cerchio o ellisse del quale fa parte l'arco
- $cy: coordinata y del centro del cerchio o ellisse del quale fa parte l'arco
- $width: diametro del cerchio o ellisse di cui l'arco fa parte secondo l'asse x
- $height: diametro del cerchio o ellisse di cui l'arco fa parte secondo l'asse y
- $start: punto di partenza dell'arco espresso in gradi
- $end: punto di fine dell'arco espresso in gradi
  Considerando la circonferenza di un orologio, questi della circonferenza in gradi:
    o 0° alla posizione di ore 3
    o 90° è a ore 6
    o 270° è a ore 12
    o 360° è sovrapponibile a ore 3

- $color: un identificatore di colore creata con imagecolorallocate ()
- $style: uno dei seguenti parametri dove:
  IMG_ARC_PIE e IMG_ARC_CHORD si escludono a vicenda.
  - IMG_ARC_CHORD connette angoli di partenza e arrivo con un segmento di retta.
  - IMG_ARC_PIE connette gli angoli di partenza e arrivo con una linea curva.
    L'area circoscritta (raggi dal centro) è riempita del colore stabilito nella funzione.
  - IMG_ARC_NOFILL indica che l'arco o la corda che congiunge l'angolo di partenza e quello di arrivo sono disegnati.
    Non sono disegnati i raggi dal centro e l'area circoscritta non è riempita.
  - IMG_ARC_EDGED e IMG_ARC_NOFILL utilizzati nello stesso tempo, indicano che gli angoli di inizio e fine sono connessi col centro del cerchio.
    Metodo per sottolineare (piuttosto che riempire) una porzione di circonferenza.

Il valore in gradi del punto iniziale può anche essere maggiore del punto finale.
Ad esempio: arco da 270° a 30°, verrà disegnato un tratto continuativo 270°-359° + 0°-30°

Il seguente esempio mostra le diverse opzioni di style.

es_28_imagefilledarc
http://www.taccetti.net/web/phpgd2/index.php?id=52

```php
<?php // es_28_imagefilledarc
$ArcoLarghezza = isset($_POST['ArcoLarghezza']) ? $_POST['ArcoLarghezza'] : 200;
$ArcoAltezza = isset($_POST['ArcoAltezza']) ? $_POST['ArcoAltezza'] : 150;
$GradiInizio = isset($_POST['GradiInizio']) ? $_POST['GradiInizio'] : 0;
$GradiFine = isset($_POST['GradiFine']) ? $_POST['GradiFine'] : 120;
$Costante = isset($_POST['Costante']) ? $_POST['Costante'] : 0;
$k = array("IMG_ARC_PIE","IMG_ARC_CHORD","IMG_ARC_NOFILL");
$k[6] = "IMG_ARC_EDGED+IMG_ARC_NOFILL";
$k[7] = "IMG_ARC_EDGED+IMG_ARC_NOFILL+IMG_ARC_CHORD";

function CreaArc($ArcoLarghezza,$ArcoAltezza,$GradiInizio,$GradiFine,$Costante){

/*
0 = IMG_ARC_PIE              1 = IMG_ARC_CHORD
2 = IMG_ARC_NOFILL          6 = IMG_ARC_EDGED+IMG_ARC_NOFILL
7 = IMG_ARC_EDGED+IMG_ARC_NOFILL+IMG_ARC_CHORD
*/

$Immagine = imagecreatetruecolor(300, 300);// crea immagine
imagefill($Immagine, 0,0, imagecolorallocate($Immagine, 255, 255, 0)); // sfondo immagine Giallo
$Rosso = imagecolorallocate($Immagine, 255, 0, 0);
$Verde = imagecolorallocate($Immagine, 0, 255, 0);
$Blu = imagecolorallocate($Immagine, 0, 0, 255);

// evidenzia circonferenza completa
imagefilledarc($Immagine, 150, 150, $ArcoLarghezza, $ArcoAltezza, 0, 359, $Verde, 2);
imagestring($Immagine, 5 , 15 , 142 , "180-----------------------0" , $Blu );
imagestringup($Immagine, 5 , 142 , 270 , "90-----------------------270" , $Blu );

// erco selezionato
imagefilledarc($Immagine, 150, 150, $ArcoLarghezza, $ArcoAltezza, $GradiInizio, $GradiFine, $Rosso, $Costante);
```

```
imagepng($Immagine, "es_28_imagefilledarc.png"); // salva
imagedestroy($Immagine); // libera memoria
}

CreaArc($ArcoLarghezza,$ArcoAltezza,$GradiInizio,$GradiFine,$Costante);
?>
<!doctype html><html><head><meta charset="utf-8"></head><body>
<img src="es_28_imagefilledarc.png">
</body></html>
```

Esempio di risultati:

imagepolygon(), disegnare poligoni

Un poligono è una forma geometrica chiusa con tre o più vertici.

Per usare imagepoligon() è necessario passare una matrice di punti x,y che ne definiscono i vertici.

Oltre a questo è necessario passare un numero corrispondente alla quantità delle coppie x,y che definiscono i vertici citati in precedenza, infine passare il colore che si desidera utilizzare.

imagepolygon (resource $image , array $points , int $num_points , int $color)

Parametri

- $image: una risorsa immagine, restituita da una delle funzioni di creazione immagine.
- $points: un array che contiene i vertici del poligono.
  punti [0]= X0, punti [1]= Y0,punti [2]= X1,punti [3]= Y1
- $num_points: numero totale dei punti (vertici del poligono)
  - Se il valore di $num_points è inferiore alle coppie x,y passate a $points, saranno considerate solo la quantità di coppie di $num_points,
    Se il valore di $num_points è superiore alle coppie x,y passate a $points ci sarà errore.
- $color: Un identificatore di colore creata con imagecolorallocate ()

es_29_imagepolygon

```php
<?php
$immagine = imagecreatetruecolor(310, 230);// Crea l'immagine
$Viola = imagecolorallocate($immagine, 173, 0, 173); // alloca colore viola
imagefill($immagine, 0, 0, $Viola); // sfondo immagine in viola
$Verde = imagecolorallocate($immagine, 0, 255, 0); // alloca colore verde

imagepolygon($immagine, array(// disegna un poligono con 4 vertici
                10, 13,
                100, 200,
                150, 220,
                300, 200), // x,y dei vertici
                4, // quantità di coppie
                $Verde // colore del poligono
                );
```

```
header('Content-type: image/png');
imagepng($immagine);// al browser predifinito
imagepng($immagine, "es_29_imagepolygon.png" ); // salva
imagedestroy($immagine);// libera memoria
?> Risultato:
```

imagefilledpolygon(),disegnare poligoni con l'interno del colore dei lati
Praticamente identica a imagepolygon() il colore per i margini è usato anche per il riempimento.

es_30_imagefilledpolygon
L'unica variazione con l'esempio precedente è la linea:
imagepolygon($immagine, array(// disegna un poligono con 4 vertici
che diventa
imagefilledpolygon($immagine, array(// disegna un poligono con 4 vertici

Risultato:

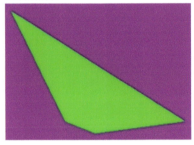

Nel capitolo "Circonferenze, Poligoni e Stelle", i poligoni sono usati per disegnare figure 3d con metodi semplici e rusultati ottimali.

imagesetthickness(), imposta lo spessore linea per il disegno
Numero intero espresso in pixel, va impostata prima di disegnare linee, rettangoli, poligoni, ellissi ecc ecc.

imagesetthickness (resource $image , int $thickness)

Parametri

* $image: Una risorsa immagine restituito da una funzione di creazione immagine.
* $thickness: Spessore della linea espresso in pixel.

es_32_imagesetthickness
```php
<?php
$Immagine = imagecreatetruecolor(380,600); // crea immagine
$Rosso = imagecolorallocate($Immagine, 255, 0, 0);// alloca colore rosso
imagestring($Immagine, 5, 20, 20, "dimensioni tratto con imagesetthickness" , $Rosso);// titolo
$R = 1; // spessore linea
for($x=50; $x<560;$x+=50){
imagesetthickness($Immagine, $R);// definisce la larghezza della linea
```

```
imageline($Immagine, 25,$x, 360,$x, $Rosso); // disegna la linea
imagestring($Immagine, 5, 2, $x, $R , $Rosso); // scrive la dimensione della linea
$R +=3; // incrementa spessore della linea
}


header('Content-Type: image/png');
imagepng($Immagine); // per il browser
imagepng($Immagine, "es_32_imagesetthickness.png"); // salva immagine
imagedestroy($Immagine); // libera memoria
?>Risultato:
```

imagefill(), colora forme chiuse

Esegue il riempimento di una figura chiusa delimitata da linee e/o curve anche di colore diverso.

imagefill (resource $image , int $x , int $y , int $color)

Parametri

- $image: Una risorsa immagine restituito da una funzione di creazione immagine.
- $x: Coordinata x all'interno della figura da colorare.
- $y: Coordinata y all'interno della figura da colorare.
- $color: colore di riempimento. Un identificatore di colore creato con imagecolorallocate().

es_33_imagefill

```php
<?php
$immagine = imagecreatetruecolor(320, 240);// crea immagine

$verde = imagecolorallocate($immagine, 0, 255, 0); // alloca i colori
$Rosso = imagecolorallocate($immagine, 255, 0, 0);
$blu = imagecolorallocate($immagine,0,0,255);
$celeste = imagecolorallocate($immagine,12,232, 232);
$giallo = imagecolorallocate($immagine,244,244,0);
$viola = imagecolorallocate($immagine,244,0,255);

imagefill($immagine, 0, 0, $verde); // sfondo immagine in verde
imageellipse($immagine, 160, 120, 200, 150, $Rosso);// ellisse in rosso
imagerectangle($immagine, 10,10,150,110, $blu); // rettangolo in blu
```

imagefill($immagine, 20, 20, $celeste); // colora di celeste parte del rettangolo
imagefill($immagine, 149, 109, $giallo); // colora di giallo parte del rettangolo
imagefill($immagine, 162, 122, $viola); // colora di viola parte dell'ellisse

header('Content-type: image/png');
imagepng($immagine, "es_33_imagefill.png");// salva immagine
imagepng($immagine); // al browser
imagedestroy($immagine);// libera memoria
?>Risultato:

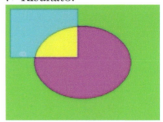

imagefilltoborder(),colora forme chiuse con lati dello stesso colore

Riempie un'area delimitata da un bordo di un colore specifico con un altro colore specificato.
Diversamente da imagefill() un'area delimitata da bordi di colore diverso non può essere riempita.

imagefilltoborder (resource $image , int $x , int $y , int $border , int $color)

Parametri

- $image: Una risorsa immagine restituita da una delle funzioni di creazione immagine
- $x: Coordinata x all'interno della figura da colorare.
- $y: Coordinata y all'interno della figura da colorare.
- $border: Colore del bordo che racchiude la figura (deve essere dello stesso colore)
- $color: Colore di riempimento. Un identificatore di colore creato con imagecolorallocate().

es_34_imagefilltoborder
```php
<?php
$Immagine = imagecreate(320, 240);

// alloca i colori
$Giallo = imagecolorallocate($Immagine, 255, 255, 0);// sfondo immagine
$Rosso = imagecolorallocate($Immagine, 255, 0, 0);
$Verde = imagecolorallocate($Immagine, 0, 255, 0);
$Blu = imagecolorallocate($Immagine, 0, 0, 255);

// disegna rettangoli 2 rossi ed 1 verde
imagerectangle($Immagine, 20, 20, 240, 180, $Rosso);
imagerectangle($Immagine, 100, 120, 300, 220, $Rosso);
imagerectangle($Immagine, 120, 10, 220, 110, $Verde);

// riempie di blu la superfice di sovrapposizione fra i rettangoli rossi
// se i rettangoli non fossero stato entrambi dello stesso colore
// in questo caso rosso, la funzione non avrebbe avuto effetto
imagefilltoborder($Immagine, 120, 160, $Rosso, $Blu);

header("Content-type: image/png");
imagepng($Immagine); // al browser
imagepng($Immagine, "es_34_imagefilltoborder.png"); // salva
```

imagedestroy($Immagine); // libera memoria
?>Risultato:

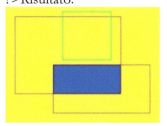

imagecolorset(), sostituisce un colore con un altro.

Utile per la sostituzione di un blocco di colore di un'immagine senza dover fare alcuna operazione come ad es. ridisegnare forme complesse.

resource $image , int $index , int $red , int $green , int $blue [, int $alpha = 0])

Parametri

- $image: Una risorsa immagine restituita da una funzione di creazione immagine
- $index: Un indice nella tavolozza.
- $red: Valore della componente rossa (0-255).
- $green: Valore della componente verde (0-255).
- $blue: Valore della componente blu (0-255).
- $alpha: Valore della componente alfa.

es_35_imagecolorset

```php
<?php
$Immagine = imagecreate(300, 200); // crea immagine
// alloca i colori
$Rosso = imagecolorallocate($Immagine, 255, 0, 0);
$Azzurro = imagecolorallocate($Immagine, 0, 190, 255);//blu come tonalità di azzurro

imagefill($Immagine, 0, 0, $Rosso);// colora sfondo dell'immagine

// disegna due figure in azzurro
imagefilledrectangle($Immagine, 10, 10, 40, 40, $Azzurro);
imagefilledpolygon($Immagine, array(80,13,85,100,150, 190,300, 180),4,$Azzurro);
imagepng($Immagine,"es_35_prima_di_imagecolorset_1.png");// salva l'immagine figure azzurre
```

```php
// Trova nell'immagine il colore più vicino al blu.
$BluAffine = imagecolorclosest($Immagine, 0, 0, 255);

imagecolorset($Immagine, $BluAffine, 0, 255, 0); // cambia il colore affine al blu in verde

header("Content-type: image/png");
imagepng($Immagine); // al browser
imagepng($Immagine,"es_35_dopo_di_imagecolorset_2.png"); // salva
imagedestroy($Immagine); // libera memoria
```

?>Risultato:

imagesetstyle(),impostare stili per disegnare

Per impostare uno stile per il disegno occorre usare una delle costanti predefinite (conosciute anche come "costanti per colore speciale"), ad esempio MG_COLOR_STYLED.

Questa opzione di "colore speciale" può essere utilizzata impiegando in modo avanzato colori o immagini che solitamente sono allocati con le funzioni imagecolorallocate () o imagecolorallocatealpha()

L'idea di base è quella di impostare un modello per lo stile delle figure che verranno disegnate.
Possono essere disegnate tutte le figure ammesse, linee, archi rettangoli ecc.
Nel caso venga disegnato con imagesetpixel(), cioè un singolo pixel, non ci saranno errori, ma sarà disegnato 1 solo pixel corrispondente al primo colore dell'array che definisce la figura.

Nel caso di figure chiuse, lo stile riempie queste figure.
In questa circostanza rivestono molta importanza le dimensioni dell'array dei colori e quello delle figure riempite perché il disegno del riempimento risultante varia a seconda della quantità degli indici dell'array in rapporto alle dimensioni dell'immagine. (vedi esempi style2, style3, style4 e style6, style7)

Questi sono i passi da compiere per settare all'uso la costante IMG_COLOR_STYLED:

- Allocare i colori che si desidera, ad es.
  $Rosso = imagecolorallocate($Immagine, 255, 0, 0); // alloca il colore rosso
  $Blu = imagecolorallocate($Immagine, 0, 0, 255); // alloca il colore blu
- Assegnare i colori come array alla variabile $stile (ma può avere qualsiasi altro nome consentito)
  $style = array($Rosso, $Rosso , $Rosso , $Blu, $Blu, $Blu);
- L'array $style va poi assegnato all'immagine con:
  imagesetstyle($Immagine, $style);
  In questo modo viene impostato un pennello (in questo esempio di 6 pixel, 3 rossi e 3 blu).
  In altre parole, ogni nome/colore è 1 pixel che verrà disegnato con quel colore.

La costante MG_COLOR_TRANSPARENT può essere usata per definire un pixel/colore trasparente.

Ad es. $style = array($Rosso, MG_COLOR_TRANSPARENT , $Blu, MG_COLOR_TRANSPARENT);
creando un pennello dove pixel trasparenti sono fra i rossi e i blu.
Questo è importante perché quel punto non verrà disegnato e quindi risulterà trasparente indipendentemente dal colore o immagine sottostante.

La funzione imagesetthickness() che determina la larghezza del tratto può essere utilizzata.

imagesetstyle (resource $image , array $style)

Parametri

- $image: Una risorsa immagine restituita da una delle funzioni di creazione immagine.
- $style: Una gamma di colori per i pixel da colorare.

È possibile utilizzare la costante IMG_COLOR_TRANSPARENT per aggiungere pixel trasparenti.

es_36_imagesetstyle_IMG_COLOR_STYLED

```php
<?php
$Immagine = imagecreatetruecolor(800,330); // crea l'immagine

$Bianco = imagecolorallocate($Immagine, 255,255,255); //alloca i colori
$Verde = imagecolorallocate($Immagine, 0,255,0);
$Rosso = imagecolorallocate($Immagine, 255, 0, 0);
$Blu = imagecolorallocate($Immagine, 0, 0, 255);
$Nero = imagecolorallocate($Immagine, 0, 0, 0);

imagefill($Immagine,0,0, $Bianco); // sfondo bianco

// style 1
//Questo esempio disegna 1 linea orizzontale verde e rossa. Ogni segmento di colore alternato è di 5 pixel.
$style1 = array($Verde, $Verde, $Verde,$Verde, $Verde, $Rosso, $Rosso, $Rosso, $Rosso, $Rosso);
imagesetstyle($Immagine, $style1);
imagesetthickness($Immagine, 3); // spessore linea
imageline($Immagine, 10, 10, 200, 10, IMG_COLOR_STYLED);// disegna linea
```

```php
// style 2
//Questo esempio disegna 1 linea orizzontale rossa e trasparente. Ogni segmento di colore alternato è di 5 pixel.

$style2 = array(
        $Rosso, $Rosso, $Rosso, $Rosso, $Rosso,

IMG_COLOR_TRANSPARENT,IMG_COLOR_TRANSPARENT,IMG_COLOR_TRANSPARENT,IMG_
COLOR_TRANSPARENT,IMG_COLOR_TRANSPARENT
);
imagesetstyle($Immagine, $style2);
imageline($Immagine, 10, 20, 200, 20, IMG_COLOR_STYLED);// disegna segmento

// disegna rettangolo con interno non colorato style2
imagerectangle($Immagine, 10, 30, 200, 200, IMG_COLOR_STYLED);// disegna rettangolo

// disegna rettangolo con interno usando style2
imagefilledrectangle($Immagine, 210, 30, 400, 200, IMG_COLOR_STYLED);// disegna rettangolo
```

```php
// style 3
$style3 = array($Rosso,IMG_COLOR_TRANSPARENT);
imagesetstyle($Immagine, $style3);
imagefilledrectangle($Immagine, 410, 30, 600, 200, IMG_COLOR_STYLED);// disegna rettangolo
```

// style 4
$style4 = array(
$Rosso, $Rosso, $Rosso, $Rosso, $Rosso,
IMG_COLOR_TRANSPARENT, IMG_COLOR_TRANSPARENT, IMG_COLOR_TRANSPARENT,
IMG_COLOR_TRANSPARENT, IMG_COLOR_TRANSPARENT);

imagesetstyle($Immagine, $style4);
imagefilledrectangle($Immagine, 610, 30, 800, 200, IMG_COLOR_STYLED);

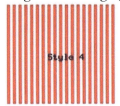

// style 5
$style5 = array(
$Rosso, $Rosso, $Rosso, $Rosso, $Rosso,
$Blu, $Blu, $Blu, $Blu, $Blu);

imagesetstyle($Immagine, $style5);
for($x=0;$x<9;$x++)// 9 ellissi vuote spessore linea 1*9
{imageellipse($Immagine, 100, 270, 190+$x, 90+$x, IMG_COLOR_STYLED);}
imagefill($Immagine, 100, 270, $Verde);

for($x=0;$x<9;$x++)// 9 ellissi vuote spessore linea 1*9
{imageellipse($Immagine, 300, 270, 190+$x, 90+$x, IMG_COLOR_STYLED);}
imagefill($Immagine, 300, 270, IMG_COLOR_STYLED);
imagesetthickness($Immagine, 11);// definisce 5 pixel la larghezza della line

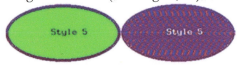

// style 6 - Linea tratteggiata
$style6 = array(
$Rosso, $Rosso, $Rosso, $Rosso, $Rosso,
IMG_COLOR_TRANSPARENT, IMG_COLOR_TRANSPARENT, IMG_COLOR_TRANSPARENT,
IMG_COLOR_TRANSPARENT, IMG_COLOR_TRANSPARENT);

imagesetstyle($Immagine, $style6);// Imposta stile del tratteggio
imagerectangle($Immagine, 470,230,550,300, IMG_COLOR_STYLED);

// style 6 - Linea tratteggiata (variante)
$style7 = array(
$Rosso, $Rosso,
IMG_COLOR_TRANSPARENT, IMG_COLOR_TRANSPARENT);

imagesetstyle($Immagine, $style7);// Imposta stile del tratteggio
imagerectangle($Immagine, 650,230,730,300, IMG_COLOR_STYLED);

```php
header('Content-type: image/png');
imagepng($Immagine); // al prowser
imagedestroy($Immagine);
?>Risultato panoramica completa:
```

Di seguito alcuni esempi di disegni usando due pennelli caricati come file png e le costanti:

- IMG_COLOR_TRANSPARENT
- IMG_COLOR_BRUSHED
- IMG_COLOR_TILED
- IMG_COLOR_STYLEDBRUSHED

Variando i pennelli ed i parametri ad essi associati sono possibili innumerevoli varianti.

es_37_imagesetstyle_COSTANTI

```php
<?php
$Immagine = imagecreate(800,500);
$Bianco = imagecolorallocate($Immagine, 255,255,255);
$Rosso = imagecolorallocate($Immagine, 255,0,0);
$Giallo = imagecolorallocate($Immagine, 255,255,0);

// imposta trasparenza del fondo dell'immagine
imagealphablending($Immagine, false);// Spenge alpha blending
imagesavealpha($Immagine, true); // imposta il flag per salvare informazioni con canale Alpha
$CanaleAlpha = imagecolorallocatealpha($Immagine, 0, 0, 0, 127);
imagefill($Immagine, 0, 0, $CanaleAlpha); // rende l'immagine completamente trasparente

// crea il pennello1 un'inmmagine SferaRossa.png
$Pennello1 = imagecreatefrompng('SferaRossa.png');
imagesetbrush($Immagine, $Pennello1); // asssegna Pennello1 all'immagine

$style=array($Rosso,
IMG_COLOR_TRANSPARENT,IMG_COLOR_TRANSPARENT,IMG_COLOR_TRANSPARENT,
IMG_COLOR_TRANSPARENT,IMG_COLOR_TRANSPARENT,IMG_COLOR_TRANSPARENT,
IMG_COLOR_TRANSPARENT,IMG_COLOR_TRANSPARENT,IMG_COLOR_TRANSPARENT,
IMG_COLOR_TRANSPARENT,IMG_COLOR_TRANSPARENT,IMG_COLOR_TRANSPARENT,
IMG_COLOR_TRANSPARENT,IMG_COLOR_TRANSPARENT,IMG_COLOR_TRANSPARENT,
IMG_COLOR_TRANSPARENT,IMG_COLOR_TRANSPARENT,IMG_COLOR_TRANSPARENT,
IMG_COLOR_TRANSPARENT,IMG_COLOR_TRANSPARENT,IMG_COLOR_TRANSPARENT,
IMG_COLOR_TRANSPARENT,IMG_COLOR_TRANSPARENT,IMG_COLOR_TRANSPARENT,
IMG_COLOR_TRANSPARENT,IMG_COLOR_TRANSPARENT,IMG_COLOR_TRANSPARENT,
IMG_COLOR_TRANSPARENT,IMG_COLOR_TRANSPARENT,IMG_COLOR_TRANSPARENT
);

imagesetstyle($Immagine,$style); // assegna lo stile all'immagine
imageline($Immagine, 16, 30, 490, 30, IMG_COLOR_STYLEDBRUSHED);
imageellipse($Immagine, 200, 150, 300, 150, IMG_COLOR_STYLEDBRUSHED);
imagefilledellipse($Immagine, 600, 150, 300, 150, IMG_COLOR_STYLEDBRUSHED);
```

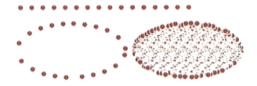

```
// crea pennello2 da inmmagine SferaVerde.png
$Pennello2 = imagecreatefrompng('SferaVerde.png');
imagesetbrush($Immagine, $Pennello2); // asssegna Pennello1 all'immagine
imagesettile($Immagine, $Pennello2);

imagefilledrectangle($Immagine,50,350,150,450,IMG_COLOR_TILED);
imagefilledellipse($Immagine, 300, 400, 150, 100, IMG_COLOR_BRUSHED);
imagefilledellipse($Immagine, 500, 400, 150, 100, IMG_COLOR_TILED);
imagefilledellipse($Immagine, 700, 400, 150, 100, IMG_COLOR_STYLEDBRUSHED);
```

```
header("Content-type: image/png");
imagepng($Immagine); // al browser
imagedestroy($Pennello1);imagedestroy($Pennello2);imagedestroy($Immagine);
?>
```

imagesetbrush(),imposta immagini come pennelli

Una volta impostato il pennello per il disegno potrà essere utilizzato con funzioni come imagesetpixel(),
imageline() ecc. e con colori speciali IMG_COLOR_BRUSHED o IMG_COLOR_STYLEDBRUSHED.

imagesetbrush (resource $image , resource $brush)

Parametri

- $image: Una risorsa immagine restituita da una funzione di creazione immagine.
- $brush: Una risorsa immagine da usare come pennello.

es_38_imagesetbrush_A

```
<?php
$Immagine = imagecreatefrompng('zebra.png'); // Carica l'immagine zebra per lo sfondo
$ImmaginemaPennello = imagecreatefrompng('giglio.png'); // carica immagine giglio per il pennello
imagesetbrush($Immagine, $ImmaginemaPennello); // Imposta giglio.png come pennello
imagesetpixel($Immagine, 135,125, IMG_COLOR_BRUSHED); // disegna il giglio sugli occhi della zebra
imagesetpixel($Immagine, 200,130, IMG_COLOR_BRUSHED);

header('Content-type: image/jpeg');
imagejpeg($Immagine); // al browser
imagejpeg($Immagine,"es_38_imagesetbrush.jpeg"); // salva immagine
imagedestroy($Immagine); imagedestroy($ImmaginemaPennello); //libera memoria
?>
```
Risultato:

Immagine per pennello Immagine per lo sfondo   Risultato

Con minime modifiche all'esempio precedente è possibile disegnare in diagonale ecc.

es_39_imagesetbrush_B

```php
<?php // es_39_imagesetbrush_B
$Immagine = imagecreatefrompng('zebra.png');// Carica l'immagine zebra per lo sfondo
$ImmaginemaPennello = imagecreatefrompng('giglio.png'); // carica immagine giglio per il pennello
imagesetbrush($Immagine, $ImmaginemaPennello); // Imposta giglio.png come pennello

// disegna il giglio in diagonale
$incremento = 40;
for($z=30; $z<300; $z+=$incremento)
{imagesetpixel($Immagine, $z,$z, IMG_COLOR_BRUSHED); }

header('Content-type: image/jpeg');
imagejpeg($Immagine); // al browser
imagejpeg($Immagine,"es_39_imagesetbrush_B.jpg"); // salva immaigne
imagedestroy($Immagine);imagedestroy($ImmaginemaPennello); //libera memoria
?>Risultato:
```

imagecolorat(), ottiene il colore in un punto specifico in un'immagine

Con il valore recuperato alle coordinate x,y specificate è possibile allocare di nuovo un colore, semmai con le variazioni ritenute necessarie alle modifiche da apportare all'immagine.
Si tratta di un buon modo di gestire i colori, specie se si lavora con imagecreatefromgif ().
Se la libreria è GD 2.0 o superiore, con le immagini truecolor, imagecolorat()restituisce il valore RGB di quel pixel come intero.
Normalmente questa funzione viene usata con imagecolorsforindex() per gestire i dati recuperati.

imagecolorat (resource $image , int $x , int $y)

Parametri

- $image: una risorsa immagine restituita da una delle funzioni di creazione immagine
- $x: coordinata del punto x
- $y: coordinata del punto y

es_40_imagecolorat

```php
<?php
$Immagine = imagecreatefrompng("colori.png");// carica l'immagine
$X= 75; $Y=60; // punto di lettura
$rgb = imagecolorat($Immagine, $X, $Y); // legge il punto X,Y

$ComponenteColore = imagecolorsforindex($Immagine, $rgb); // array dei componenti del colore
echo"<br>Posizione lettura pixel x=$X y=$Y";
echo"<br><br>Colore RGB rilevato:";
echo"<br><br>Rosso = ".$ComponenteColore["red"];
echo"<br>Verde = ".$ComponenteColore["green"];
echo"<br>Blu = ".$ComponenteColore["blue"];
```

echo"
Componente alpha = ".$ComponenteColore["alpha"];
?> Immagine usata per il test:

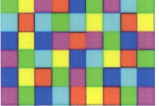

Il risultato sarà simile a questo:
Posizione lettura pixel x=75 y=60
Colore RGB rilevato:
Rosso = 255
Verde = 0
Blu = 255
Componente alpha = 0

imagecolorsforindex(),determina le componenti RGB di un punto colore

Permette di ottenere i componenti RGB del colore per un pixel alle coordinate X,Y, di solito prelevati con la funzione imagecolorat().
Le informazioni sul colore sono memorizzate in un array di quattro elementi.
Ciascuno dei primi tre elementi contiene le quantità di rosso, verde e blu ed il quarto quello della componente alpha.
Questa informazione può essere usata per altre elaborazioni, ad es. per il colore del carattere HTML o CSS oppure per disegnare sull'immagine stessa come nell'esempio seguente.

imagecolorsforindex (resource $image , int $index)

Parametri

- $image: Una risorsa immagine restituita da una funzione di creazione immagine.
- $index: Coordinate del punto immagine di lettura del colore del pixel.

Valori restituiti:

Restituisce un array delle chiavi rosso, verde, blu e alfa per l'indice colore specificato.

es_40a_imagecolorsforindex

```php
<?php
$Immagine = imagecreatefrompng('colori.png'); // carica immagine multicolore
// Ottenere l'indice del colore di un pixel alle coordinate X,Y
$X = 75; $Y = 60; // coordinate di lettura

// legge i componenti del colore nel punto x,y
$ColoreRGB_XY = imagecolorat($Immagine, $X, $Y);

// lo rende leggibile nei suoi componenti
$ComponenteColore = imagecolorsforindex($Immagine, $ColoreRGB_XY);
/*
echo"<br>Posizione lettura pixel x=$X y=$Y";   echo"<br><br>Colore RGB rilevato:";
echo"<br><br>Rosso = ".$ComponenteColore["red"];
echo"<br>Verde = ".$ComponenteColore["green"];
echo"<br>Blu = ".$ComponenteColore["blue"];
echo"<br>Componente alpha = ".$ComponenteColore["alpha"];
*/
```

$ColoreRilevato = imagecolorallocate($Immagine,
$ComponenteColore["red"],$ComponenteColore["green"],$ComponenteColore["blue"]);

// disegna circonferenze del colore rilevato
for($x=0;$x<50;$x+=3)
{imageellipse($Immagine,98,70, 70+$x,70+$x,$ColoreRilevato);}

imagepng($Immagine); // al browser
imagepng($Immagine," es_40a_imagecolorsforindex.png"); // salva immagine
imagedestroy($Immagine);//libera memoria
?>Inserendo coordinate diverse, ovviamente su altro punto colore, cambierà il risultato.

Immagine per il test   Risultato

imagecolorexact(), determina se un colore è presente in un'immagine

Cerca e restituisce il valore più simile si possa trovare nella tavolozza dei colori.
Utile per la manipolazione del colore all'interno di un'immagine dinamica.
Non è utile in una funzione come imagecolortransparent (), ma per altri scopi, come determinare se l'immagine di base contiene una serie di colori desiderati.

imagecolorexact (resource $image , int $red , int $green , int $blue)

Parametri

- $image: Una risorsa immagine restituita da una funzione di creazione immagine
- $red: Valore della componente rossa (fra 0 e 255)
- $green: Valore della componente verde (fra 0 e 255)
- $blue: Valore della componente blu (fra 0 e 255)

Valori restituiti:
Restituisce il colore esatto nell'immagine specificato dai componenti rosso, verde e blu.
Se il colore non viene trovato, restituisce -1.

Immagine caricata per il test:

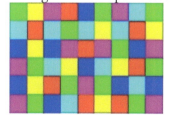

es_40b_imagecolorexact
```php
<?php
$immagine = imagecreatefrompng("colori.png");// carico l'immagine

//cerco il colore rosso
if (imagecolorexact($immagine, 255, 0, 0) == -1) {
echo "Questa immagine NON contine il colore ROSSO.\n";
```

```
} else {
echo "Questa immagine contine il colore ROSSO.\n";
}
imagedestroy($immagine);
?>
```

imagesettile(), imposta immagine come riempimento di un'area

Ogni immagine riconosciuta da GD può essere utilizzata come riempimento di un'area chiusa.
Per l'utilizzo è necessario il colore speciale IMG_COLOR_TILED che fa riferimento all'immagine impostata per il riempimento.
La sintassi è somigliante a quelle di fill(), imagefill(), imagefilledpolygon() ecc.
Impostando l'indice di colore trasparente con imagecolortransparent(), parti della zona sottostante possono trasparire. (vedere paragrafo relativo alle immagini trasparenti)

imagesettile (resource $image , resource $tile)

Parametri

- $image; Una risorsa immagine restituita una funzione di creazione immagine.
- $tile: Risorsa immagine da utilizzare come riempimento.

es_41_ imagesettile

```php
<?php
$ImmagineRiempimentoGiglio = imagecreatefrompng('giglio.png');//Carica immagini per il riempimento
$Immagine = imagecreatetruecolor(350, 280); // Crea immagine truecolor di 350x280 pixel
imagesettile($Immagine, $ImmagineRiempimentoGiglio); //Immagine giglio per il riempimento
imagefilledrectangle($Immagine, 50, 70, 300, 200, IMG_COLOR_TILED);//disegna rettangolo con gigli

header('Content-Type: image/png');
imagepng($Immagine); // al browser
imagepng($Immagine, "es_41_imagefill.png"); // salva immagine
imagedestroy($Immagine);imagedestroy($ImmagineRiempimentoGiglio); // libera memoria
?>Risultato:
```

es_42_ imagesettile_doppio_riempimento

```php
<?php
// Carica le immagini per il riempimento
$ImmagineRiempimentoGiglio = imagecreatefrompng('giglio.png');
$ImmagineRiempimentoSfera = imagecreatefrompng('Sfera.png');

$Immagine = imagecreatetruecolor(350, 280); // Crea immagine truecolor di 350x280 pixel
$rosso = imagecolorallocate($Immagine,255,0,0); // setta il colore rosso

imagerectangle($Immagine, 50,70,300,210, $rosso); // disegna un rettangolo rosso
```

```
// Setta l'immagine giglio per il riempimento della cornice
imagesettile($Immagine, $ImmagineRiempimentoGiglio);
imagefill($Immagine, 1, 1, IMG_COLOR_TILED); // riempie la cornice con il giglio

// Setta l'immagine sfera per il riempimento della parte centrale
imagesettile($Immagine, $ImmagineRiempimentoSfera);

imagefill($Immagine, 51, 71, IMG_COLOR_TILED); // riempie la cornice con la sfera

header('Content-Type: image/png');
imagepng($Immagine); // al browser
imagepng($Immagine,"es_42_imagefill.png"); // salva immagine

// libera memoria
imagedestroy($Immagine);imagedestroy($ImmagineRiempimentoGiglio);imagedestroy($ImmagineRiempimentoSfera);

?>
```
Risultato:

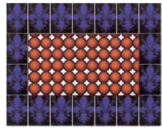

imagecolortransparent(), imposta un colore come trasparente.

Può essere reso trasparente un colore a scelta, di solito la porzione di un'immagine.
Questa funzione agisce sull'intera figura, quindi se un determinato colore si trova in più punti, tutti questi punti verranno resi trasparenti.
Il colore trasparente è una proprietà dell'immagine, la trasparenza non è una proprietà del colore.
Usando una combinazione di imagecolorexact (), imagecolorclosest (), e/o imagecolorat (), immagini trasparenti possono essere costruite runtime senza conoscere l'esatto colore di sfondo.
Naturalmente, questo dipende dal layout dell'immagine originale.

imagecolortransparent (resource $image [, int $color])

Parametri

- $image: Una risorsa immagine restituita da una funzione di creazione immagine
- $color: Un identificatore di colore creato con imagecolorallocate ()

es_47_imagecolortransparent

```php
<?php
$Immagine = imagecreatefrompng("colori.png");// legge immagine con vari colori

$x = 10; $y = 10; // punto di lettura sull'immagine
$ColoreTrasparenza = imagecolorat($Immagine, $x, $y); // legge punto x,y dell'immagine
imagecolortransparent($Immagine, $ColoreTrasparenza); // rende trasparente il colore letto nel punto x,y

header("Content-type: image/png");
imagepng($Immagine);// immagine nel browser predefinito
imagepng($Immagine, "es_47_imagecolortransparent.png");// salva immagine
imagedestroy($Immagine); // libera memoria
```

?>Risultato prima e dopo l'esecuzione dell'esempio:

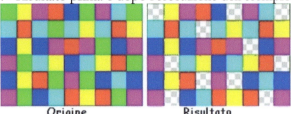

Cambiando i valori x,y dell'esempio, verranno resi trasparenti colori diversi.

imagecolorresolve(), ottiene l'indice del colore specificato o valore più vicino

imagecolorresolve (resource $image , int $red , int $green , int $blue)

Parametri

- $image: Una risorsa immagine restituita da una funzione di creazione immagine.
- $red: Valore della componente rossa (fra 0 e 255 compresi).
- $green: Valore della componente verde (fra 0 e 255 compresi.
- $blue: Valore della componente blu (fra 0 e 255 compresi.

Immagine caricata per il test:

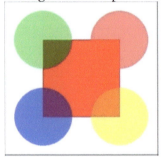

es_48_imagecolorresolve

```php
<?php
$Immagine = imagecreatefrompng('trasparenzaALPHA.png'); // carica l'immagine

// Recupera i colori più vicini nell'immagine
$colors = array();
$colors[] = imagecolorresolve($Immagine, 255, 255, 255);
$colors[] = imagecolorresolve($Immagine, 0, 0, 200);

// al browser
print_r($colors);
imagedestroy($Immagine); // libera memoria
?>
```

Risultato:
Array ([0] => 16777215 [1] => 200)

imagecolorclosest(), ottiene l'indice del colore più vicino al colore specificato

La funzione consente di specificare un colore personalizzato, cerca e restituisce la corrispondenza più vicina che si trova nella tavolozza dei colori.
Utile per la manipolazione del colore all'interno di un'immagine dinamica.
Non adatta ad essere usata con la funzione imagecolortransparent ().

imagecolorclosest (resource $image , int $red , int $green , int $blue)

Parametri

- $image: una risorsa immagine restituita da una funzione di creazione immagine
- $red: Valore della componente rossa (fra 0 e 255)
- $green: Valore della componente verde (fra 0 e 255)
- $blue: Valore della componente blu (fra 0 e 255)

I parametri colori sono interi compresi tra 0 e 255 e restituisce l'indice del colore più vicino a quella specificato nella richiesta.

es_50_imagecolorclosest

```php
<?php
header("Content-type: image/png");
$immagine = imagecreate(200, 200); // crea immagine
$rosso = imagecolorallocate($immagine, 255, 0, 0); // alloca il colore rosso
$VerdeBrillante = imagecolorallocate($immagine,150 , 255, 150); // crea tonalità di verde

imagefill($immagine, 0, 0, $rosso); // colora l'immagine di rosso

// crea un cerchio colorato $VerdeBrillante
imagefilledellipse($immagine, 50, 50, 40, 40, $VerdeBrillante);

imagepng($immagine,"es_50_imagecolorclosest_A.png");// salva l'immagine
```

```php
// ottiene il colore più vicino al verde reale sull'immagine
$newVerde = imagecolorclosest($immagine, 0, 255, 0);

// crea una ellisse colorata secondo i valori restituiti
imagefilledellipse($immagine, 110, 110, 80, 140, $newVerde);

imagepng($immagine); // al browser
imagepng($immagine,"es_50_imagecolorclosest_B.png"); // salva
```

```php
imagedestroy($immagine); // libera memoria
?>
```

Copy, copiare immagini elaborandole

Con GD libray, copy con le sue varianti va oltre il mero spostamento di un file da una ubicazione ad un'altra. Mette invece a disposizione una serie di funzioni che incidono sull'elaborazione immagini nel loro complesso.

Queste sono:

- imagecopy(), permette di copiare parte dell'immagine
- imagecopyresized(), copia e ridimensiona una parte dell'immagine

- imagecopymerge(), copia e unisce parti d'immagini
- imagecopyresampled(), copia ridimensiona immagini con ricampionamento

imagecopy(), copiare parte dell'immagine

Nell'esempio sono caricate 2 immagini da disco e con imagecopy() applicata una scritta di copyright.
Queste sono "cane.jpg" l'immagine di un cane, che farà da sfondo e l'immagine "copyright.png" che contiene la parola copyright su fondo trasparente ma incorniciato per evidenziare meglio l'esempio.

imagecopy (resource $immagineA, resource $immagineB,
                      int $destinazioneX , int $destinazioneY,
                      int $letturaX, int $letturaY,
                      int $larghezza, int $altezza
                      );

Parametri

- $immagineA: Immagine di destinazione considerata nella sua interezza.
- $immagineB: Immagine della quale verrà prelevata una parte e sovrapposta all'immagineA
- $destinazioneX: Coordinata X del punto di destinazione sull' immagineA
- $destinazioneY: Coordinata Y del punto di destinazione sull' immagineA
- $letturaX: Coordinata X del punto di origine lettura dall'immagineB
- $letturaY: Coordinata Y del punto di origine lettura dall'immagineB
- $larghezza: Larghezza della porzione d'immagineB letta dal punto di origine (letturaX , letturaY)
- $altezza: Altezza porzione d'immagineB letta dal punto di origine (letturaX , letturaY)

L'esempio seguente copia un'immagine png su un'alta jpg.
L'immagine png contiene, su sfondo trasparente, la scritta copyright.
Facendo uso della funzione getimagesize(), vengono lette le dimensioni di entrambe le immagini.
La png con la scritta copyright viene copiata sull'immagine cane.jpg centrandola.
Con imagecopy() l'immagine da sovrapporre deve avere dimensione più contenute della sottostante altrimenti utilizzare imagecopyresized().

es_43_imagecopy_applicare_centrare_copyright
http://www.taccetti.net/web/phpgd2/index.php?id=26

```php
<?php
$immagineA = imagecreatefromjpeg('cane.jpg'); // carica l'immagine di fondo

$DimensioniImageA = getimagesize('cane.jpg');
//$DimensioniImageA[0]; $DimensioniImageA[1]; // larghezza e altezza

$immagineB = imagecreatefrompng( "copyright.png" ); // carica l'immagine da sovrapporre

$DimensioniImageB = getimagesize("copyright.png");
//$DimensioniImageB[0];$DimensioniImageB[1]; // larghezza e altezza

// calcola distanza dal margine sinistro - 14 dimensioni della cornice del copyright
$destinazione_x_su_immagine_fondo = (($DimensioniImageA[0] - ($DimensioniImageB[0]-14)))/2;

// calcola distanza dal margine superiore - 14 dimensioni della cornice del copyright
$destinazione_y_su_immagine_fondo = (($DimensioniImageA[1] - ($DimensioniImageB[1]-14)))/2 ;
```

```
// posizione x,y di partenza per il prelievo dell'immagine da sovrapporre
$punto_x_lettura_da_immagine_sovrapposta = 7;// esclude parte sinistra della cornice
$punto_y_lettura_da_immagine_sovrapposta = 7;// esclude parte superiore della cornice

// dimensione della parte dell'immagine da sovrapporre
$larghezza_prelevata_da_immagine_da_sovrapporre = $DimensioniImageB[0]-14; // esclude parte destra
$altezza_prelevata_da_immagine_da_sovrapporre = $DimensioniImageB[1]-14; // esclude parte inferiore

// esegue la funzione
imagecopy ($immagineA , $immagineB ,
                    $destinazione_x_su_immagine_fondo ,
                    $destinazione_y_su_immagine_fondo ,
                    $punto_x_lettura_da_immagine_sovrapposta ,
                    $punto_y_lettura_da_immagine_sovrapposta ,
                    $larghezza_prelevata_da_immagine_da_sovrapporre ,
                    $altezza_prelevata_da_immagine_da_sovrapporre
                    );


header('Content-Type: image/jpeg');
imagejpeg($immagineA); // al browser
imagejpeg($immagineA, "es_43_imagecopy_applicare_centrare_copyright.jpg" ); // salva
imagedestroy($immagineA); imagedestroy($immagineB); // libera memoria
?>
```

Risultato:

Immagini usate nell'esempio   Risultato

imagecopyresized(),copia e ridimensiona una parte dell'immagine

Copia tutta o parte di un'immagine su di un'altra cambiandole dimensioni.

Di solito è opportuno creare un'immagine nuova delle dimensioni necessarie per ricevere il risultato della copia sull'immagine sorgente.

Per es. se dall'immagine sorgente viene copiato un particolare da ingrandire o ridurre di 3 volte, su queste nuove dimensioni dovrà essere creata l'immagine, per poi copiarci il particolare.

L'algoritmo di questa funzione tende a produrre risultati imperfetti, la più recente funzione imagecopyresampled() esegue lo stesso compito producendo generalmente risultati migliori seppur con maggior lavoro della CPU.

```
imagecopyresized(resource $ImmaNEW, resource $ImmaSorgente,
                    int $x1, int $y1,
                    int $x2, int $y2,
                    int $LargNEW, int $AlteNEW,
                    int $Larg, int $Alte
                );
```

Parametri

- $ImmaNEW: Immagine di destinazione.
- $ImmaSorgente: Immagine della quale verrà prelevata una parte.
- $x1, $y1: coordinata x,y su $ImmaNEW
- $x2, $y2: coordinata x,y del punto di origine lettura da $ImmaSorgente
- $LargNEW, $AlteNEW: Nuova Larghezza e altezza di porzione immagine letta da $ImmaSorgente
- $Alte, $Larg: Larghezza e Altezza di porzione immagine letta da $ImmaSorgente

Nell'esempio seguente viene copiata la testa della statua del David e incollata in una nuova immagine ingendendola di 3 volte.

es_44_imagecopyresized

```php
<?php
$ImamgineSorgente = imagecreatefromjpeg('David.jpg');
$DistanzaDaX = 120; $DistanzaDaY = 8; // distanza del volto dall'amgolo x=0-y=0
$LarghezzaViso = 68; $AltezzaViso = 70; // dimensioni del particolare da ingrandire
$PercentualeVariazione = 2.5; // percentuale di modifica del particolare dell'immagine

// calcola le nuove misure
$AltezzaNEW = $AltezzaViso * $PercentualeVariazione;
$LarghezzaNEW = $LarghezzaViso * $PercentualeVariazione;

// crea nuova immagine risultato della $PercentualeVariazione che per adesso è vuota
$ImmagineRisultato = imagecreatetruecolor($LarghezzaNEW, $AltezzaNEW);

// copia sulla nuova immagine, , il particolare ridimensionandolo
imagecopyresized($ImmagineRisultato, $ImamgineSorgente,
                 0, 0,
                 $DistanzaDaX, $DistanzaDaY,
                 $LarghezzaNEW, $AltezzaNEW,
                 $LarghezzaViso, $AltezzaViso
                 );

header('Content-Type: image/jpeg');
imagejpeg($ImmagineRisultato); // al browser
imagejpeg($ImmagineRisultato,"es_44_imagecopyresized.jpg"); // salva
imagedestroy($ImamgineSorgente); imagedestroy($ImmagineRisultato); // libera memoria
?>Risultato:
```

Immagine sorgente   **Risultato**

imagecopymerge(),copia e unisce parti d'immagini

Copia e unisce una parte dell'immagine con una percentuale di opacità stabilita dal programmatore.
Il parametro percentuale specifica la quantità di opacità dove 0=massima trasparenza e 100=massima opacità. Se il valore è 100% si comporta come la funzione imagecopy().

```php
imagecopymerge( resource $immagineA, resource $immagineB,
                int $destinazioneX, int $destinazioneY,
                int $letturaX, int $letturaY,
                int $larghezza, int $altezza,
                int $percentuale
              )
```

Parametri

- $immagineA: Immagine di destinazione.
- $immagineB: Immagine della quale verrà prelevata una parte e sovrapposta $ImmagineA

- $destinazioneX: coordinata X del punto di destinazione su $ImmagineA
- $destinazioneY: coordinata Y del punto di destinazione su $ImmagineA
- $letturaX: coordinata X del punto di origine lettura dall'immagine da sovrapporre.
- $letturaY: coordinata Y del punto di origine lettura dall'immagine da sovrapporre.
- $larghezza: larghezza di porzione d'immagine da leggere dal punto di origine ($letturaX , $letturaY)
- $altezza: altezza di porzione d'immagine da leggere dal punto di origine ($letturaX , $letturaY)
- $percentuale: di opacità dell'immagine sovrapposta
  Il valore della percentuale può variare da 0 a 100, dove 0 è massima trasparenza, l'immagine è invisibile e 100 massima opacità.
  Valori fuori dal range 0-100 non determinano errore ma risultati imprevedibili.

Nell'esempio seguente, es_45_imagecopymerge, viene sovrapposta un'immagine ad un'altra diminuendo l'altezza di 36 pixel e dissolvendola del 30%,

es_45_imagecopymerge
http://www.taccetti.net/web/phpgd2/index.php?id=28

```php
<?php
$ImmagineA = imagecreatefromjpeg('cane.jpg'); // carica l'immagine di fondo
$DimensioniImageA = getimagesize('cane.jpg');
//$DimensioniImageA[0]; $DimensioniImageA[1]; // larghezza  e altezza


$percentuale = 30; // percentuale di opacità dell'immagne sovrapposta

$ImmagineB = imagecreatefrompng( "copyright.png" ); // carica l'immagine da sovrapporre
$DimensioniImageB = getimagesize("copyright.png");
//$DimensioniImageB[0]; $DimensioniImageB[1]; // larghezza  e altezza

// calcola distanza dal margine sinistro
$destinazione_x_su_immagine_fondo = ($DimensioniImageA[0] - $DimensioniImageB[0])/2;


// calcola distanza dal margine superiore -18 pixel che sono da non copiare
$destinazione_y_su_immagine_fondo = ($DimensioniImageA[1] - ($DimensioniImageB[1]-18))/2 ;

// posizione x,y di partenza per il prelievo dell'immagine da sovrapporre
$punto_x_lettura_da_immagine_sovrapposta = 0;

$punto_y_lettura_da_immagine_sovrapposta = 18; // -18 pixel che sono da non copiare
// dimensione della parte dell'immagine da sovrapporre

$larghezza_prelevata_da_immagine_da_sovrapporre = $DimensioniImageB[0];
$altezza_prelevata_da_immagine_da_sovrapporre = $DimensioniImageB[1] - 36; // -36, da NON copiare

// esegue la funzione

imagecopymerge ($ImmagineA , $ImmagineB ,
                $destinazione_x_su_immagine_fondo, $destinazione_y_su_immagine_fondo ,
                $punto_x_lettura_da_immagine_sovrapposta, $punto_y_lettura_da_immagine_sovrapposta,
                $larghezza_prelevata_da_immagine_da_sovrapporre,
$altezza_prelevata_da_immagine_da_sovrapporre,
                $percentuale
                );
```

```
header('Content-Type: image/jpeg');
imagejpeg($ImmagineA); // al browser
imagejpeg($ImmagineA,"es_45_imagecopymerge.jpg"); // salva
imagedestroy($ImmagineA); imagedestroy($ImmagineB); // libera memoria
?>Risultato:
```

Immagini d'origine   Risultato

imagecopyresampled(),copia ridimensiona immagini con ricampionamento

Data un'immagine sorgente, ne copia una parte rettangolare ridimensionandola.
Questa copia viene poi riprodotta su di una nuova immagine o sulla stessa immagine sorgente in un punto x,y a scelta.
Le coordinate x,y sono, come al solito, quelle dall'angolo superiore sinistro.
Larghezza ed Altezza possono avere anche valori negativi, questo permette di ribaltare le immagini come è possibile fare con la funzioni imageflip() che però ha problemi quando l'immagine usa il canale Alpha.
Vedere il capitolo Ribaltare immagini con imagecopyresampled()

imagecopyresampled() esegue lo stesso compito di imagecopyresized() producendo generalmente risultati migliori seppur con maggior lavoro della CPU

```
imagecopyresampled ( resource $Immagine_destinazione, resource $Immagine_Origine,
                int $PuntoDestinazioneX, int $PuntoDestinazioneY,
                int $PuntoCopiaX, int $PuntoCopiaY,
                int $largezzaNEW , int $altezzaNEW,
                int $LarghezzaCopia, int $AltezzaCopia
                )
```

Parametri

- $Immagine_destinazione: Immagine destinazione.
- $Immagine_Origine: Immagine da copiare.
- $PuntoDestinazioneX: Coordinata X di destinazione.
- $PuntoDestinazioneY: Coordinata Y di destinazione.
- $PuntoCopiaX: Coordinata X d'origine.
- $PuntoCopiaY: Coordinata Y d'origine.
- $largezzaNEW: Larghezza in pixel della destinazione.
- $altezzaNEW: Altezza in pixel della destinazione.
- $LarghezzaCopia: Larghezza in pixel della copia d'origine.
- $AltezzaCopia: Altezza in pixel della copia d'origine

es_46_imagecopyresampled
http://www.taccetti.net/web/phpgd2/index.php?id=61

```php
<?php
$PuntoCopiaX = isset($_POST['PuntoCopiaX']) ? $_POST['PuntoCopiaX'] : 5;
$PuntoCopiaY = isset($_POST['PuntoCopiaY']) ? $_POST['PuntoCopiaY'] : 0;
$LarghezzaCopia = isset($_POST['LarghezzaCopia']) ? $_POST['LarghezzaCopia'] : 60;
$AltezzaCopia = isset($_POST['AltezzaCopia']) ? $_POST['AltezzaCopia'] : 60;
$percentualeVariazione=isset($_POST['percentualeVariazione']) ? $_POST['percentualeVariazione'] : 1.8;
```

$NomeFile = 'smiley.jpg';// carica il file

//$percentualeVariazione = 1.8; //definisce la percentuale di variazione,se superiore 1 ingrandisce
// legge dimensioni dell'immagine
$infoImage = getimagesize($NomeFile); // $infoImage[0]; $infoImage[1]; = larghezza e altezza

// calcola ingrandimento o riduzione
$largezzaNEW = $LarghezzaCopia * $percentualeVariazione;
$altezzaNEW = $AltezzaCopia * $percentualeVariazione;

// misure per il centraggio dell'immagine
$PuntoDestinazioneX = ($infoImage[0]- $largezzaNEW)/2;
$PuntoDestinazioneY = ($infoImage[1] - $altezzaNEW) /2;

// costruisce immagine per adesso vuota
$Immagine_destinazione = imagecreatetruecolor($largezzaNEW, $altezzaNEW);

// immagine originaria 'smiley.jpg' come destinazione
$Immagine_destinazione = imagecreatefromjpeg($NomeFile);
$Immagine_Origine = imagecreatefromjpeg($NomeFile);
// a questo punto $Immagine_destinazione e $Immagine_destinazione sono identiche

// esegue la funzione
imagecopyresampled($Immagine_destinazione, $Immagine_Origine,
                    $PuntoDestinazioneX, $PuntoDestinazioneY,
                    $PuntoCopiaX, $PuntoCopiaY,
                    $largezzaNEW, $altezzaNEW,
                    $LarghezzaCopia, $AltezzaCopia
                    );

imagejpeg($Immagine_destinazione, "es_46_imagecopyresampled.jpg"); // salva file
imagedestroy($Immagine_destinazione);
?><!doctype html><html><head><meta charset="utf-8"></head><body>
<img src="es_46_imagecopyresampled.jpg">
</body></html>

Immagine origine   Risultato

Canale Alpha

Nelle immagini digitale di tipo RGB i colori vengono rappresentati attraverso la miscelazione dei tre colori basilari, rosso, verde, blu (Red, Green,Blu) denominati anche canali di colore.
Ad es. uno dei 16.777.216 colori possibili RGB(255,0,255) è il Viola.
A questo tipo di immagine, per ciascun colore usato, può essere associato un quarto canale denominato canale Alpha il quale consente di applicare la trasparenza.
Se, ad esempio, al canale Alpha del colore Viola visto in precedenza ha valore 0, cioè RGB(255,0,255,0), ogni singolo pixel di questo colore sarà completamente opaco.
Poiché il canale Alpha, per il colore assegnatogli, può assumere valori in un range che va da 0 (completamente opaco) a 127 (completamente trasparente) questo canale può essere usato per generare zone ombreggiate e sfumate di varie intensità.

Per le ragioni esposte, la trasparenza PNG24 e PNG32 opera in modo diverso dalla trasparenza GIF, per allocare i colori occorre usare la funzione imagecolorallocatealpha () impostando imagealphablending () su false.

imagesavealpha(), imposta il flag per salvare informazioni del canale alfa

Questa funzione richiede GD 2.0.28 o superiore.

Imposta l'opzione per salvare tutte le informazioni del canale alfa, da non confondere con trasparenza di singolo colore nell'immagine. Ad oggi (2016), il canale Alfa non è supportato da tutti i browser.

È necessario disattivare alphablending() impostandolo su false.

Permette di salvare file png con trasparenza su altro file png con trasparenza mantenendole entrambe.

imagesavealpha (resource $image , bool $saveflag)

Parametri

- $image: Una risorsa immagine, restituita da una funzione di creazione immagine come ad es. imagecreatetruecolor().
- $saveflag: Setta il canale alfa su TRUE. (Predefinito è FALSE.)

es_51_imagesavealpha

```php
<?php
$immagine = imagecreatefrompng('RosaDeiVenti.png'); // carica immagine con trasparenza per lo sfondo
$immagineLOGO = imagecreatefrompng('logo.png'); // carica immagine con trasparenza da sovrapporre
imagealphablending($immagine, true); // abilita imagealphablending
imagesavealpha($immagine, true); // abilita imagesavealpha, salvataggio con trasparenza
// copia l'immagine logo.png su RosaDeiVenti.png
imagecopy($immagine, $immagineLOGO, 50, 50, 0, 0, 150, 94);

imagepng($immagine); // al browser
imagepng($immagine, 'es_51_imagesavealpha.png');// salva immagine
imagedestroy($immagine);imagedestroy($immagineLOGO); // libera memoria
?>
```
Risultato:

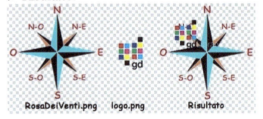

RosaDeiVenti.png   logo.png   Risultato

imagealphablending(), imposta il metodo di fusione per l'immagine

Consente due diverse modalità di disegno su immagini TrueColor.

Nel metodo di fusione, la componente canale Alpha del colore fornita determina la quantità del colore sottostante dovrebbe essere trasparire.

Come risultato, GD fonde automaticamente il colore esistente in quel punto, e memorizza il risultato nell'immagine. Il pixel risultante è opaco.

In modalità non-fusione, il colore disegno viene copiato letteralmente con le relative informazioni canale Alèha, che sostituisce il pixel di destinazione.

imagealphablending (resource $image , bool $blendmode)

Parametri

- $image: Una risorsa immagine, restituita da funzione di creazione immagine.

- $blendmode: Abilita o non abilita il metodo di fusione.
  Su immagini a colori il valore predefinito è TRUE altrimenti il valore predefinito è FALSE.

L'esempio seguente crea e salva un'immagine con
imagealphablending($Immagine,FALSE);
Decommentando le 2 righe successive sarà possibile vedere il risultato con
imagealphablending($Immagine,TRUE);

es_52_imagealphablending

```php
<?php
$Immagine=imagecreatetruecolor(400, 400); // crea immagine di 400x400 pixel, per default lo sfondo è ner
$NomeImmagine = "es_52_FALSE_imagealphablending.png";
imagealphablending($Immagine,FALSE);

/* decommentare le 2 linee successive per vedere la differnza */
//$NomeImmagine = "es_52_TRUE_imagealphablending.png";
//imagealphablending($Immagine,TRUE);

//centro delle circonferenze
$VerdeX = 100; $VerdeY = 100;
$CelesteX = 300; $CelesteY = 100;
$BluX = 100;    $BluY = 300;
$GialloX = 300; $GialloY = 300;
$diametro = 150;

// colore del quadrato
$RossoOpaco = imagecolorallocatealpha($Immagine, 255, 0, 0, 0);

// alloca i colori con valori ALPHA
$VerdeALPHA = imagecolorallocatealpha($Immagine, 0, 255, 0, 80);
$CelesteALPHA = imagecolorallocatealpha($Immagine, 0, 255, 255, 80);
$GialloALPHA = imagecolorallocatealpha($Immagine, 255, 255, 0, 80);
$BluALPHA = imagecolorallocatealpha($Immagine, 0, 0, 255, 80);

// disegna un quadrato rosso
imagefilledrectangle($Immagine, 100,100,300,300, $RossoOpaco);

// disegna 4 circonferenze sovrapposte al quadrato
imagefilledellipse($Immagine, $VerdeX, $VerdeY, $diametro, $diametro, $VerdeALPHA);
imagefilledellipse($Immagine, $CelesteX, $CelesteY, $diametro, $diametro, $CelesteALPHA);
imagefilledellipse($Immagine, $GialloX, $GialloY, $diametro, $diametro, $GialloALPHA);
imagefilledellipse($Immagine, $BluX, $BluY, $diametro, $diametro, $BluALPHA);

header('Content-Type: image/png');
imagepng($Immagine); // al browser
imagepng($Immagine, $NomeImmagine); // salva
imagedestroy($Immagine); // libera memoria
?>
```
Risultato:

imagealphablending = FALSE   imagealphablending = TRUE

imagecolorallocatealpha(),alloca colore con parametro trasparenza Alpha

Nelle immagini digitali la rappresentazione dei colori avviene usando i canali RGB combinati.
Alpha è il canale aggiuntivo che descrive il grado di opacità, questo grado è determinato da un valore numerico fra zero per opacità massima, a 127 per trasparenza assoluta.
A parte il parametro Alpha, questa funzione è identica a imagecolorallocate().

imagecolorallocatealpha (resource $image , int $red , int $green , int $blue , int $alpha)

Parametri

- $image: Una risorsa immagine restituita da una funzione di creazione immagine
- $red: Valore della componente rossa (fra 0 e 255)
- $green: Valore della componente verde (fra 0 e 255)
- $blue: Valore della componente blu (fra 0 e 255)
- $alpha: Valore della componente alfa (fra 0 e 127)
  - 0 = completamente opaco
  - 127 = completamente trasparente

es_53_trasparenzaALPHA

```php
<?php
$DimIMMA = 400; // dimensioni immagine
$Immagine=imagecreatetruecolor($DimIMMA, $DimIMMA); // crea immagine, per default lo sfondo è nero

// alloca colore bianco per sfondo dell'immagine
$SfondoBianco = imagecolorallocate($Immagine, 255, 255, 255);

// sfondo bianco e bordo nero
imagefilledrectangle($Immagine, 10, 10, $DimIMMA - 10, $DimIMMA - 10, $SfondoBianco);

//centro delle circonferenze
$VerdeX = 100;$VerdeY = 100; $CelesteX = 300; $CelesteY = 100;
$BluX = 100;    $BluY = 300;    $GialloX = 300;$GialloY = 300;
$diametro = 150;

// colore del quadrato
$RossoOpaco = imagecolorallocatealpha($Immagine, 255, 0, 0, 0);

// alloca i colori con valori ALPHA
$VerdeALPHA = imagecolorallocatealpha($Immagine, 0, 255, 0, 80);
$CelesteALPHA = imagecolorallocatealpha($Immagine, 0, 255, 255, 80);
$GialloALPHA = imagecolorallocatealpha($Immagine, 255, 255, 0, 80);
$BluALPHA = imagecolorallocatealpha($Immagine, 0, 0, 255, 80);

// disegna un quadrato rosso
imagefilledrectangle($Immagine, 100,100,300,300, $RossoOpaco);

// disegna 4 circonferenze sovrapposte al quadrato
imagefilledellipse($Immagine, $VerdeX, $VerdeY, $diametro, $diametro, $VerdeALPHA);
imagefilledellipse($Immagine, $CelesteX, $CelesteY, $diametro, $diametro, $CelesteALPHA);
imagefilledellipse($Immagine, $GialloX, $GialloY, $diametro, $diametro, $GialloALPHA);
imagefilledellipse($Immagine, $BluX, $BluY, $diametro, $diametro, $BluALPHA);
```

imagepng($Immagine, "es_53_trasparenzaALPHA_1.png"); // salva

es_53_trasparenzaALPHA_1.png

// disegna 4 ellissi sovrapposti al quadrato e alle circonferenze
imagefilledellipse($Immagine, $VerdeX, $VerdeY+100, $diametro/2, $diametro, $VerdeALPHA-40);
imagefilledellipse($Immagine, $CelesteX-100, $CelesteY, $diametro, $diametro/2, $CelesteALPHA-40);
imagefilledellipse($Immagine, $GialloX, $GialloY-100, $diametro/2, $diametro, $GialloALPHA-40);
imagefilledellipse($Immagine, $BluX+100, $BluY, $diametro, $diametro/2, $BluALPHA);

header('Content-Type: image/png');
imagepng($Immagine); // al browser
imagepng($Immagine, "es_53_trasparenzaALPHA_2.png"); // salva
imagedestroy($Immagine); // libera memoria
?>Risulato:

es_53_trasparenzaALPHA_2.png

Il seguente esempio crea una scala di trasparenza Alpha per i tre colori base.
Purtroppo, su carta, cioè su fondo bianco, non da il miglio di se, è consigliabile vederla direttamente su monito o con un software di grafica idoneo.

es_54_scala_trasparenzaALPHA

```php
<?php
$Larghezza = 1270; $Altezza = 360; // dimensione immagine
$Immagine=imagecreatetruecolor($Larghezza, $Altezza); // crea immagine truecolor
imagealphablending($Immagine, false);// Spenge alpha blending
imagesavealpha($Immagine, true);// attiva il flag alpha Impostandolo su true

$Bianco = imagecolorallocate($Immagine, 255, 255, 255); // colore per valori
$Nero = imagecolorallocate($Immagine, 0, 0, 0); // colore per linee tratteggiate verticali

// inizio creazione scala di trasparenza
for ($x=0; $x< $Larghezza; $x++){
        $Opacita = (127.0/$Larghezza * $x);

$Rosso = imagecolorallocatealpha($Immagine, 255, 0, 0, $Opacita);
imageline ($Immagine , $x , 0 , $x , ($Altezza-1)/4 , $Rosso );

$Verde = imagecolorallocatealpha($Immagine, 0, 255, 0, $Opacita);
imageline ($Immagine , $x , 0+100 , $x , ($Altezza-1)/4+100 , $Verde );
```

```
$Blu = imagecolorallocatealpha($Immagine, 0, 0, 255, $Opacita);
imageline ($Immagine , $x , 0+200 , $x , ($Altezza-1)/4+200 , $Blu );

// indicatori del grafico
if($x/50 == floor($x/50)){
imagestring($Immagine, 4, $x, 310, floor($Opacita) , $Bianco);// indicatore testuale di opacità
imageline ($Immagine , $x , 0 , $x , ($Altezza-1)/4+200 , $Nero );// linee verticali
}
}
imagestring($Immagine, 5, 10, 10, "Scala trasparenza Alpha" , $Nero); // titolo

header('Content-type: image/png');
imagepng($Immagine,"es_52_scala_trasparenzaALPHA.png"); // salva
imagepng($Immagine); // a video
imagedestroy($Immagine); // libera memoria
?>
```
Risultato:

Creare immagini con trasparenza

Per trasparenza si intende la capacità di far vedere quello che c'è al di sotto di un'immagine o parte di essa ed è per definizione l'opposto di opacità. Nella pratica, la trasparenza è disponibile in due varianti.

- La prima a 256 colori, riguarda le immagini GIF e PNG8 dove un pixel può essere completamente trasparente o completamente opaco.
  Tenere presente che 256 colori non significa che sono disponibili solo i 256 colori predefiniti, ma solo che è possibile utilizzarne fino a un massimo 256 in una singola immagine.
- La seconda riguarda file PNG24 e PNG32 che supportano 16 milioni di colori e trasparenza Alpha. Con queste immagini è possibile ottenere livelli variabili di opacità utili per immagini complesse con sfumature, bordi arrotondati, gradienti ecc.

Trasparenza a 256 colori

Questo tipo di trasparenza è applicabile alle immagini nei formati GIF e PNG8.
Un solo colore (o tonalità di colore) può essere trasparente, deve quindi essere scelto quale fra quegli contenuti nell'immagine debba far trasparire il contenuto sottostante.
Nell'esempio seguente viene creata un'immagine di 4 colori con imagecreate() e su di essa disegnate figure geometriche.
Notare che il primo colore definito è automaticamente assegnato allo sfondo.
Con imagecolorat(), viene letto un punto/colore x,y dell'immagine e con imagecolortransparent() reso trasparente quel colore per tutta l'immagine.

Cambiando i valori x,y per una posizione con altro colore, sarà quest'ultimo ad essere reso trasparente.

es_55_GIF_con_trasparenza
```
<?php
$Immagine = imagecreate(200,200); // crea immagine
$Rosso = imagecolorallocate($Immagine, 255,0,0);// definisce Rosso
```

```
// il primo colore definito è automaticamente assegnato allo sfondo
$Verde = imagecolorallocate($Immagine, 0,255,0);
$Blu = imagecolorallocate($Immagine, 0,0,255);
$Giallo = imagecolorallocate($Immagine, 255,255,0);

// quadrati grandi, quello di colore non è necessario perchè lo sfondo è Rosso
imagefilledrectangle($Immagine,100,0,200,100,$Verde);
imagefilledrectangle($Immagine,100,100,200,200,$Blu);
imagefilledrectangle($Immagine,0,100,100,200,$Giallo);

// quadrati piccoli agli angoli
imagefilledrectangle($Immagine,150,0,200,50,$Rosso);
imagefilledrectangle($Immagine,150,150,200,200,$Verde);
imagefilledrectangle($Immagine,0,150,50,200,$Blu);
imagefilledrectangle($Immagine,0,0,50,50,$Giallo);
imagegif($Immagine,"es_55_GIF_con_trasparenza_1.gif"); // salva senza trasparenza

// legge punto x,y dell'immagine
$ColoreTrasparenza = imagecolorat($Immagine, 1, 1);

// rende trasparente il colore letto nel punto x,y
imagecolortransparent($Immagine, $ColoreTrasparenza);

header("Content-type: image/gif");
imagegif($Immagine,"es_55_GIF_con_trasparenza_2.gif"); // salva

// salva PNG (alternativo ed incompatibile con le istruzioni delle 2 righe precedenti)
// header("Content-type: image/png");
// imagepng($Immagine,"es_55_PNG_con_trasparenza.png"); // salva

imagegif($Immagine); // al browser
imagedestroy($Immagine); // libera memoria
?>
```
Risultato:

Immagine creata • Risultato con giallo trasparente

Il seguente esempio, trasforma il file formato GIF risultante dall'esempio precedente in PNG praticamente senza nessun utilizzo di funzioni ma solo caricandolo il GIF e salvandolo come PNG.

es_55bis_da_GIF_a_PNG
```
<?php
$Immagine = imagecreatefromgif('es_55_GIF_con_trasparenza.gif');
header("Content-type: image/png");
imagepng($Immagine,'es_55bis_da_GIF_a_PNG.png'); // salva
imagedestroy($Immagine); // libera memoria
?>
```

Canale Alpha trasparenza e opacità

Con GD per utilizzare la trasparenza Alpha è essenziale usare la funzione imagecreatetruecolor() per creare immagini oppure caricare immagini esistenti che abbiano le stesse qualità.

Le immagini TrueColor possono anche essere JPG/JPEG, ma a differenza del formato PNG, queste non supportano la trasparenza completa ma solo diversi gradi di opacità.

La funzione imagecolorallocatealpha() dispone di 4 canali, i tre colori RGB e il valore del canale Alpha per la trasparenza.

L'esempio seguente crea immagini TrueColor identiche, poi le passa agli stessi parametri con la componente Alpha, qunidi le salva nei formati JPG e PNG mostrando la differenza di risultato.

es_56_canale_alpha_con_jpg_png

```php
<?php
for($x=1;$x<4;$x++){$Immagine[$x] = imagecreatetruecolor(220,120);} // crea tre immagini true color

// gradi di opacità sfondo immagini
$Opacita[1] = 0; $Opacita[2] = 100; $Opacita[3] = 127;
for($x=1;$x<4;$x++) // imposta gradi di opacità sul colore verde per ciascuna immagine
{
imagesavealpha($Immagine[$x], true); // imposta il flag per salvare informazioni con canale Alpha
$CanaleAlpha = imagecolorallocatealpha($Immagine[$x], 0, 255, 0, $Opacita[$x]);
imagefill($Immagine[$x], 0, 0, $CanaleAlpha); // se PNG rende l'immagine completamente trasparente
}

// alloca il rosso con tre diversi gradi di opacità
$Rosso1 = imagecolorallocatealpha($Immagine[1],255,0,0,0); // alpha = 0
$Rosso2 = imagecolorallocatealpha($Immagine[1],255,0,0,64); // alpha = 64
$Rosso3 = imagecolorallocatealpha($Immagine[1],255,0,0,110); // alpha = 110

// crea 3 circonferenze con rosso di diversa opacità
for($x=1;$x<4;$x++){
imagefilledellipse($Immagine[$x],40,35,60,60,$Rosso1);
imagefilledellipse($Immagine[$x],110,35,60,60,$Rosso2);
imagefilledellipse($Immagine[$x],180,35,60,60,$Rosso3);
}

// salva JPG
for($x=1;$x<4;$x++){imagejpeg($Immagine[$x],"immagine".$x.".jpg",100);}

// salva PNG e libera la memoria
for($x=1;$x<4;$x++) {imagepng($Immagine[$x],"immagine".$x.".png"); imagedestroy($Immagine[$x]);
}
?>
```

Risultato:

Il seguito del capitolo è rivolto agli effetti delle funzioni GD sui file in formato PNG.

Soddisfatto il requisito del tipo di immagine imagecreatetruecolor() ed usando la funzione imagecolorallocatealpha() , è possibile disegnarci con i gradi di trasparenza che GD permette.

Quando l'immagine viene creata ad es. $Immagine = imagecreatetruecolor(200,200);
viene creata un'immagine di 200x200 pixel (larghezza per altezza)
Alla creazione, il colore di sfondo e' sempre nero.

Di solito vengono usate una delle tecniche sotto descritte.

- Viene allocato il colore che sarà trasparente
  ad es. il Nero, $CanaleAlpha = imagecolorallocatealpha($Immagine, 0, 0, 0, 127);
  Nell'utilizzo è solitamente usata una delle 2 tecniche:
    o Coprire l'immagine con rettangolo di colore trasparente utilizzando la funzione
      imageFilledRectangle($Immagine, 0,0,200,200, $CanaleAlpha)
      oppure
    o Rendere l'immagine completamente trasparente con
      imagefill($Immagine, 0, 0, $CanaleAlpha);
- Impostare il flag per salvare informazioni con canale Alpha
  imagesavealpha($Immagine, true);

Il seguente esempio crea un'immagine trasparente, su questa, utilizzando il canale Alpha vengono disegnate
alcune figure semitrasparenti.

es_57_alfa_trasparenza

```php
<?php
$Immagine=imagecreatetruecolor(400, 400); // crea immagine di 400x400 pixel, per default lo sfondo è nero

/*** rende l'immagine TRASPARENTE ***/
imagesavealpha($Immagine, true); // imposta il flag per salvare informazioni con canale Alpha
$CanaleAlpha = imagecolorallocatealpha($Immagine, 255, 255, 0, 127);
imagefill($Immagine, 0, 0, $CanaleAlpha); // rende l'immagine completamente trasparente

// VALORI PER DISEGNARE LE IMMAGINI SU FONDO TRASPARENTE

//centro delle circonferenze
$VerdeX = 100;$VerdeY = 100; $CelesteX = 300; $CelesteY = 100;
$BluX = 100;    $BluY = 300; $GialloX = 300;$GialloY = 300;
$diametro = 150;

// colore del quadrato
$RossoOpaco = imagecolorallocatealpha($Immagine, 255, 0, 0, 0);

// alloca i colori con valori ALPHA
$VerdeALPHA = imagecolorallocatealpha($Immagine, 0, 255, 0, 80);
$CelesteALPHA = imagecolorallocatealpha($Immagine, 0, 255, 255, 80);
$GialloALPHA = imagecolorallocatealpha($Immagine, 255, 255, 0, 80);
$BluALPHA = imagecolorallocatealpha($Immagine, 0, 0, 255, 80);

// disegna un quadrato rosso
imagefilledrectangle($Immagine, 100,100,300,300, $RossoOpaco);

// disegna 4 circonferenze sovrapposte al quadrato
imagefilledellipse($Immagine, $VerdeX, $VerdeY, $diametro, $diametro, $VerdeALPHA);
imagefilledellipse($Immagine, $CelesteX, $CelesteY, $diametro, $diametro, $CelesteALPHA);
imagefilledellipse($Immagine, $GialloX, $GialloY, $diametro, $diametro, $GialloALPHA);
imagefilledellipse($Immagine, $BluX, $BluY, $diametro, $diametro, $BluALPHA);

header('Content-Type: image/png');
```

65

```
imagepng($Immagine); // al browser
imagepng($Immagine, "es_57_alfa_trasparenza.png"); // salva
imagedestroy($Immagine); // libera memoria
?>Risultato:
```

Fusione fra immagini con trasparenza preservando le trasparenze.

Notare che con imagecopyresampled(), la grata viene ridimensionata adattandosi perfettamente all'immagine con la tigre.

es_58_copia_trasparente_su_trasparente

```php
<?php
$ImmagineGrata = imagecreatefrompng("Grata.png"); // carica immagine della grata
$GrataLarghezza = imagesx($ImmagineGrata); // dimensioni grata
$GrataAltezza = imagesy($ImmagineGrata);

// carica immagine della tigre
$ImmagineTigre = imagecreatefrompng('Tigre.png');
$TigreLarghezza = imagesx($ImmagineTigre); // dimensioni tigre
$TigreAltezza = imagesy($ImmagineTigre);

imagealphablending( $ImmagineTigre, true );
imagesavealpha( $ImmagineTigre, true );

// copia la grata sulla tigre dimensionandola all'immagine ricevente preservando la trasparenza
imagecopyresampled($ImmagineTigre, $ImmagineGrata, // immagini in elaborazione Grata si Tigre
        0, 0, // x,y
        0, 0, // x,y
        $TigreLarghezza, $TigreAltezza, // larghezza e altezza destinazione
        $GrataLarghezza, $GrataAltezza // larghezza e altezza sorgente
        );

imagepng($ImmagineTigre,'es_58_copia_trasparente_su_trasparente.png',9); // salva
imagepng($ImmagineTigre); // al browser

imagedestroy($ImmagineTigre); imagedestroy($ImmagineDaSovrascrivere); // libera memoria
?>Risultato:
```

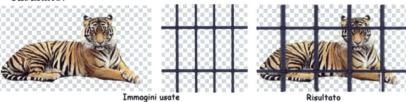

Immagini usate   Risultato

Esempio, es_59_rendere_trasparente_un_colore, rende trasparente un colore che fa parte dell'immagine.
Il colore è il rosso nella parte di un quadrato che non ha sovrapposizioni e le circonferenze sfumano gli angoli.

Per farlo occorre conoscere la posizione di un pixel dell'immagine che contiene il colore da rendere trasparente. Con più passaggi possono essere resi trasparenti anche più colori della stessa immagine.

es_59_rendere_trasparente_un_colore

```php
<?php
// carica l'immagine il cui fondo è da rendere trasparente
$ImmagineOpaca = imagecreatefrompng("es_59_ImmagineOpaca.png");

// dimensione dell'immagine
$ImmagineOpacaLarghezza = imagesx($ImmagineOpaca);
$ImmagineOpacaAltezza = imagesy($ImmagineOpaca);

// crea una nuova immagine delle stesse dimensioni, a questo punto è nera
$ImmagineNEW = imagecreatetruecolor( $ImmagineOpacaLarghezza, $ImmagineOpacaAltezza );

imagesavealpha( $ImmagineNEW, true ); // prepara il salvataggio per il canale Alpha

// alloca il colore per la trasparenza
$CanaleALPHA = imagecolorallocatealpha( $ImmagineNEW, 0, 0, 0, 127 );

// rende trasparente l'immagine colorandola con il canale Alpha valore 127
imagefill( $ImmagineNEW, 0, 0, $CanaleALPHA );

// legge il colore che dovrà divenire trasparente
// in questo esempio è il punto al centro dell'immagine

$ColoreDaTrasparire = imagecolorat( $ImmagineOpaca, $ImmagineOpacaAltezza/2,
$ImmagineOpacaLarghezza/2);

// loop sull'immagine opaca
for($x = 0; $x < $ImmagineOpacaLarghezza; $x++) // scansiona larghezza
{
for( $y = 0; $y < $ImmagineOpacaAltezza; $y++ ) // scansiona altezza
$ColorePixelLetto = imagecolorat( $ImmagineOpaca, $x, $y ); // legge il colore del pixel

if($ColoreDaTrasparire<>$ColorePixelLetto)// se colore letto è diverso da quello da fare trasparente
{imagesetpixel( $ImmagineNEW, $x, $y, $ColorePixelLetto);} // scrive nella nuova immagine il pixel letto }}

imagepng($ImmagineNEW, 'es_59_rendere_trasparente_un_colore.png');// salva
imagepng($ImmagineNEW); // al browser
imagedestroy($ImmagineNEW);imagedestroy($ImmagineOpaca); // libera memoria
?>
```
Risultato:

Immagine sorgente   Risultato

Con una tecnica simile alla precedente viene creato un foro trasparente su di una immagine JPEG che viene poi salvata nel formato PNG.

es_60_foro_trasparente_in_immagine

```php
<?php
$ImmaSorg = imagecreatefromjpeg("cane.jpg");   // carica immagine truecolor opaca
$Lar_Imma = imagesx($ImmaSorg); $Alt_Imma = imagesy($ImmaSorg); // Larghezza e Altezza

$R = 33; // raggio del foro trasparente

// crea nuova immagine delle dimensione dell'immagine sorgente
$ImmaRisult = imagecreatetruecolor($Lar_Imma, $Alt_Imma);
$Trasp_Alpha = imagecolorallocatealpha($ImmaRisult, 0, 0, 0, 127);// colore trasparente
imagefill($ImmaRisult, 0, 0, $Trasp_Alpha);// rende l'immagine completamente trasparente

// Setta l'immagine per salvataggio con il canale Alpha
imagealphablending($ImmaRisult, false);
imagesavealpha($ImmaRisult, true);

// copia l'immagine sorgente sull'immagine trasparente
imagecopyresampled($ImmaRisult, $ImmaSorg, 0, 0, 0, 0, $Lar_Imma, $Alt_Imma, $Lar_Imma, $Alt_Imma);

// crea il foro centrale
imagefilledellipse($ImmaRisult, $Lar_Imma/2, $Alt_Imma/2, $R*3, $R*3, $Trasp_Alpha);

imagepng($ImmaRisult,"es_60_foro_trasparente_in_immagine.png");// salva
imagepng($ImmaRisult);// al browser
imagedestroy($ImmaSorg);imagedestroy($ImmaRisult); // libera memoria
?>Risultato:
```

Immagine sorgente   Risultato

Sulla scorta dell'esempio precedente risulta agevole creare angoli arrotaondati dalla trasparenza. Il metodo è sempre lo stesso, creare un'immagine trasparente delle dimensioni dell'immagine sorgente, copiarci sopra l'immagine sorgente e poi ritagliare i pezzi che vogliamo disegnandoci la figura e riempiendola di trasparenza.

es_61_angoli_arrotondati

```php
<?php //
$ImmaSorg = imagecreatefromjpeg("cane.jpg"); // carica immagine
$Lar_Imma = imagesx($ImmaSorg); $Alt_Imma = imagesy($ImmaSorg);// dimensioni
$R = 33; // raggio dell'angolo arrotondato

// crea nuova immagine delle dimensione dell'immagine sorgente
$ImmaRisult = imagecreatetruecolor($Lar_Imma, $Alt_Imma);
$Trasp_Alpha = imagecolorallocatealpha($ImmaRisult, 0, 0, 0, 127); // colore trasparente
imagefill($ImmaRisult, 0, 0, $Trasp_Alpha);// rende l'immagine completamente trasparente

// Setta l'immagine per salvataggio con il canale Alpha
imagealphablending($ImmaRisult, false);
imagesavealpha($ImmaRisult, true);

// copia l'immagine sorgente sull'immagine trasparente
imagecopyresampled($ImmaRisult, $ImmaSorg, 0, 0, 0, 0, $Lar_Imma, $Alt_Imma, $Lar_Imma, $Alt_Imma);
```

// crea il foro centrale come da esempio precedente (decommentare per vederlo)
// imagefilledellipse($ImmaRisult, $Lar_Imma/2, $Alt_Imma/2, $R*2, $R*2, $Trasp_Alpha);

/*** disegna archi sugli angoli dell'immagine ***/
imagearc($ImmaRisult, Lar_Imma-R, Alt_Imma-R, $R*2, $R*2, 0, 90, $Trasp_Alpha); // basso a destra
imagearc($ImmaRisult, $R-1, Alt_Imma-R, $R*2, $R*2, 90, 180, $Trasp_Alpha); // basso a sinistra
imagearc($ImmaRisult, $R-1, $R-1, $R*2, $R*2, 180, 270, $Trasp_Alpha); // alto a sinistra
imagearc($ImmaRisult, Lar_Imma-R, $R-1, $R*2, $R*2, 270, 0, $Trasp_Alpha); // alto a destra

imagepng($ImmaRisult,"es_61_angoli_arrotondati_1.png"); // salva elaborazione parziale

elaborazione parziale

/*** svuotamento degli archi colorandoli di trasparenza ***/
imagefilltoborder($ImmaRisult, $Lar_Imma-1, $Alt_Imma-1, $Trasp_Alpha, $Trasp_Alpha);// basso a destra
imagefilltoborder($ImmaRisult, 0, $Alt_Imma-1, $Trasp_Alpha, $Trasp_Alpha); // basso a sinistra
imagefilltoborder($ImmaRisult, 0, 0, $Trasp_Alpha, $Trasp_Alpha); // alto a sinistra
imagefilltoborder($ImmaRisult, $Lar_Imma-1, 0, $Trasp_Alpha, $Trasp_Alpha); // alto a destra

imagepng($ImmaRisult,"es_61_angoli_arrotondati_2.png");// salva
imagepng($ImmaRisult); // al browser
imagedestroy($ImmaSorg); imagedestroy($ImmaRisult); // libera memoria
?>Risultato:

Immagine d'origine   risultato

Ottenere e impostare caratteristiche delle immagini

Le seguenti funzioni e corrispondenti esempi forniscono o impostano caratteristiche delle immagini.

imagelayereffect(),imposta effetto Alpha miscelazione fra immagini sovrapposte
imagelayereffect (resource $image , int $effect)

Parametri

- $image: Una risorsa immagine restituita da una delle funzioni di creazione immagine.
- $effect:Una dei seguenti costanti:
  - IMG_EFFECT_REPLACE: Pixel di sostituzione, equivale a true con imagealphablending()
  - IMG_EFFECT_ALPHABLEND: Uso normale, equivale a false con imagealphablending()
  - IMG_EFFECT_NORMAL: Come IMG_EFFECT_ALPHABLEND.
  - IMG_EFFECT_OVERLAY: Effetto sovrapposizione. Sfondo nero rimarrà nero, sfondo bianco rimane bianco, ma grigio avrà il colore del pixel di primo piano.

es_62a_imagelayereffect

```
<?php
$immagine = imagecreatetruecolor(200, 200); // crea immagine
imagefill($immagine, 0, 0, imagecolorallocate($immagine, 190, 190, 190)); // Definisce lo sfondo grigio

// Applica l'overlay sull'immagine
imagelayereffect($immagine, IMG_EFFECT_OVERLAY);

// Disegna le ellisse
imagefilledellipse($immagine, 100, 100, 100, 100, imagecolorallocate($immagine, 90, 255, 90));
imagefilledellipse($immagine, 100, 100, 120, 195, imagecolorallocate($immagine, 90, 90, 255));
imagefilledellipse($immagine, 100, 100, 195, 120, imagecolorallocate($immagine, 255, 90, 90));

header('Content-type: image/png');
imagepng($immagine); // al browser
imagepng($immagine,"es_62a_imagelayereffect.png"); // salva
imagedestroy($immagine); // libera memoria
?>Risultato:
```

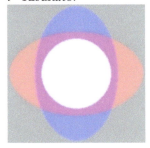

Sfruttando IMG_EFFECT_OVERLAY verrà creata una cornice intorno all'immagine.

es_62b_imagelayereffect

```
<?php
$Immagine = imagecreatefromjpeg( "cane.jpg");// carica immagine del ritratto
$Lar = imagesx($Immagine);      $Alt = imagesy($Immagine); // recupera larghezza e altezza

$ColoreAlpha = imagecolorallocatealpha($Immagine,127,127,127,19); // colore per sovrapposizione
$ImmagineMaschera = imagecreatetruecolor($Lar,$Alt); // Crea maschera

imagefilledellipse ($ImmagineMaschera, $Lar/2,$Alt/2, $Lar*.95,$Alt*.95, $ColoreAlpha); // crea ellisse

// effetto sovrapposizione, dopo imagecopy() il cane sarà nella cornice
imagelayereffect($ImmagineMaschera, IMG_EFFECT_OVERLAY);
// copia tutta l'immagine sorgente sull'immagine maschera
imagecopy($ImmagineMaschera, $Immagine, 0,0, 0,0, $Lar,$Alt);

imagepng($ImmagineMaschera); // al browser
imagepng($ImmagineMaschera, "es_62b_imagelayereffect.png"); // salva
imagedestroy($Immagine);imagedestroy($ImmagineMaschera); // libera memoria
?>Risultato:
```

Immagine sorgente

Risultato

imagecolorexactalpha(),ottenere l'indice del colore + alpha specificato

imagecolorexactalpha (resource $image , int $red , int $green , int $blue , int $alpha)

Parametri

- $image: Una risorsa immagine restituita da una funzione di creazione immagine
- $red: Valore della componente rossa (fra 0 e 255 compresi).
- $green: Valore della componente verde (fra 0 e 255 compresi).
- $ble: Valore della componente blu (fra 0 e 255 compresi).
- $alpha: Un valore compreso tra 0 e 127.
  0 indica completamente opaco, mentre 127 indica completamente trasparente.

Immagine caricata in memoria:

es_62c_imagecolorexactalpha

```php
<?php
$Immagine = imagecreatefrompng('trasparenzaALPHA.png'); // carica immagine

$Colori = Array();
$Colori[] = imagecolorexactalpha($Immagine, 255, 0, 0, 0);
$Colori[] = imagecolorexactalpha($Immagine, 0, 0, 0, 127);
$Colori[] = imagecolorexactalpha($Immagine, 255, 255, 255, 55);
$Colori[] = imagecolorexactalpha($Immagine, 100, 255, 52, 20);

print_r($Colori);// risultati a video
imagedestroy($Immagine); // libera memoria
?>
```
Risultato:
Array ([0] => 16711680 [1] => 2130706432 [2] => 939524095 [3] => 342163252)

imagecolorresolvealpha(),ottiene l'indice colore specificato+alfa o sua alternativa più vicina

Funzione aggiunta in PHP 4.0.6, richiede GD 2.0.1

imagecolorresolvealpha (resource $image , int $red , int $green , int $blue , int $alpha)

Parametri

- $image: Una risorsa immagine restituita da una funzioni di creazione immagine.
- $red: Valore della componente rossa.
- $green: Valore della componente verde.
- $blue: Valore della componente blu.
- alpha: Valore compreso tra 0 e 127.
  0 indica completamente opaco, 127 completamente trasparente (esadecimale tra 0x00 e 0xFF)

Valori restituiti:

Restituisce un indice di colore, vedere anche imagecolorclosestalpha()
Immagine caricata in memoria:

es_62d_imagecolorresolvealpha

```
<?php
$Immagine = imagecreatefrompng('trasparenzaALPHA.png'); // Carica l'immagine
imagetruecolortopalette($Immagine, false, 255);

$Colori = array(// Ricerca colori (RGB+Alpha)
array(254, 145, 154, 50),array(153, 145, 188, 127),array(153, 90, 145, 0),array(255, 137, 92, 84)
);

foreach($Colori as $id => $rgb) // Loop attraverso i colori da trovare.
{
$risultato = imagecolorclosestalpha($Immagine, $rgb[0], $rgb[1], $rgb[2], $rgb[3]);
$risultato = imagecolorsforindex($Immagine, $risultato);
$risultato = "({$risultato['red']}, {$risultato['green']}, {$risultato['blue']}, {$risultato['alpha']})";
echo "Ricerca colori (RGB): Cercato ($rgb[0], $rgb[1], $rgb[2], $rgb[3]) - Trovato: $risultato.<br>";
}
imagedestroy($Immagine); // libera memoria
?>
```

imagecolorclosestalpha(), restituisce l'indice del colore nella tavolozza che è più simile a quello RGB specificato.

imagecolorclosestalpha (resource $image , int $red , int $green , int $blue , int $alpha)

Parametri

- $image: Una risorsa immagine restituita da una funzioni di creazione immagine.
- $red: Valore della componente rossa.
- $green: Valore della componente verde.
- $blue: Valore della componente blu.
- alpha: Valore compreso tra 0 e 127.
  0 indica completamente opaco, 127 completamente trasparente.

In esadecimale tra 0x00 e 0xFF.
Immagine caricata in memoria

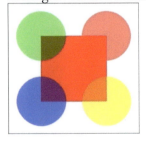

es_62e_imagecolorclosestalpha

```php
<?php
$Immagine = imagecreatefrompng('trasparenzaALPHA.png'); // Carica l'immagine

imagetruecolortopalette($Immagine, false, 255);

$ColoriDaCercare = array(// Cerca colori (RGB)
array(254, 145, 154, 50),array(153, 145, 188, 127),array(153, 90, 145, 0),array(255, 137, 92, 84)
);

// Loop per cercare il colore più vicino nella tavolozza.
//Restituisce il numero RGB di ricerca e il risultato convertito in RGB

foreach($ColoriDaCercare as $id => $rgb)
        {
$Risultato = imagecolorclosestalpha($Immagine, $rgb[0], $rgb[1], $rgb[2], $rgb[3]);
$Risultato = imagecolorsforindex($Immagine, $Risultato);
$Risultato = "({$Risultato['red']}, {$Risultato['green']}, {$Risultato['blue']}, {$Risultato['alpha']})";
echo "#$id: Ricerca: ($rgb[0], $rgb[1], $rgb[2], $rgb[3]); - Risultato: $Risultato.<br>";
}
imagedestroy($Immagine); // libera memoria
?>
```

imagetruecolortopalette(),converte immagine da truecolor a tavolozza.

Questa funzione fu scritta per il codice della libreria Independent JPEG Group.
Nel tempo, il codice è stato modificato per preservare, nella palette risultante, i colori e il maggiore numero d'informazioni possibile del canale alfa. I risultati non sono sempre di buona qualità.

imagetruecolortopalette (resource $image , bool $dither , int $ncolors)

Parametri

- $image: Una risorsa immagine restituita da una funzione di creazione immagine.
- $dither: Indica se l'immagine deve essere retinata.
- Se TRUE verrà utilizzato il dithering e l' immagine avrà una migliore approssimazione del colore.
- $ncolors: Imposta la quantità massima dei colori che devono essere conservati nella tavolozza.

es_62f_imagetruecolortopalette

```php
<?php
$Immagine = imagecreatefromjpeg('es_62f_imagetruecolortopalette.jpg'); // carica l'immagine
imagetruecolortopalette($Immagine, true, 255); // Converti con dithering e 255 colori
header('Content-Type: image/jpeg');
imagepng($Immagine); // al brower
imagepng($Immagine, 'es_62f_imagetruecolortopalette.png'); // salva immagine
imagedestroy($Immagine);
?>Risultato:
```

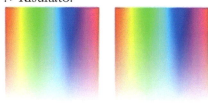

Immagine originale   Risultato conversione

imagegammacorrect(),applica correzione gamma ad un'immagine

La correzione di gamma è usata per codificare i valori RGB in un segnale video nei valori discreti del video digitale. (l'espansione gamma è il processo inverso).
La codifica gamma aiuta a mantenere, dal punto di vista percettivo, i dati (digitali, ma anche analogici) il più possibile in un ambito uniforme, di fatto ne regola la loro luminosità.

imagegammacorrect (resource $image , float $inputgamma , float $outputgamma)

Parametri

- $image: Una risorsa immagine restituita da una delle funzioni di creazione immagine.
- $inputgamma: gamma di ingresso .
- $outputgamma: gamma di uscita.

es_63_imagegammacorrect

```php
<?php
header("Content-type: image/png");
$Immagine = imagecreatefrompng("cane.png");// carica immagine per il test

// test 1
imagegammacorrect($Immagine, 1.0, 5.0);
imagepng($Immagine, "es_63_imagegammacorrect_1.0, 5.0.png");

// test 2
imagegammacorrect($Immagine, 30.0, 5.0);
imagepng($Immagine, "es_63_imagegammacorrect_30.0, 5.0.png");

// test 3
imagegammacorrect($Immagine, 20.0, 50.0);
imagepng($Immagine, "es_63_imagegammacorrect_20.0, 50.0.png");

imagedestroy($Immagine); // libera memoria
?>
```
Risultati:

| Immagine per test | correzione 1.0, 5.0 | correzione 30.0, 5.0 | correzione 20.0, 50.0 |

Immagini, rotazione e ribaltamento

Con GD library è possibile ruotare e ribaltare immagini anche preservandone la trasparenza.

imagerotate(), ruota immagine, in senso antiorario, di un angolo dato

L'angolo di rotazione deve essere un valore numerico espresso in gradi angolari.
Il centro di rotazione è il centro dell'immagine.
L'immagine ruotata può avere dimensioni diverse rispetto all'immagine originale.

imagerotate (resource $image , float $angle , int $bgd_color [, int $ignore_transparent = 0])

Parametri

- $image: Una risorsa immagine restituita da una funzione di creazione immagine.
- $angle: Angolo di rotazione, in gradi per ruotare l'immagine in senso antiorario.
- $bgd_color: Specifica il colore della zona scoperta dopo la rotazione
- $ignore_transparent: Se uguale zero i colori trasparenti sono ignorati (altrimenti conservati).

L'esempio che segue carica un'immagine JPG e la ruota.

es_64_imagerotate_opaca_salva_trasparente

```php
<?php
$Immagine = imagecreatefromjpeg('RV_fondoOpaco.jpg');
imagealphablending($Immagine, false); // disabilita imagealphablending()
imagesavealpha($Immagine, true); // abilita per salvataggio con canale alfa

$AngoloRot = 45; // Angolo di rotazione in senso antiorario

// ruota immagine con trasparenza per PNG che la supporta, per il JPG lo spazio aggiuntivo sarà Rosso
$ImmaRuotata=imagerotate($Immagine,$AngoloRot,imagecolorallocatealpha($Immagine,255,0,0,127));

imagejpeg($ImmaRuotata, "es_64_imagerotate.jpg"); // salva immagine
imagepng($ImmaRuotata, "es_64_imagerotate.png"); // salva immagine

imagepng($ImmaRuotata); // al browser
imagedestroy($Immagine);imagedestroy($ImmaRuotata); // libera memoria
?>
```
Risultati:

immagine opaca per test ruotazione   immagine jpg opaca Rosso aggiunto   immagine png trasparenza aggiunta

Il prossimo esempio ruota un'immagine con fondo trasparente e la salva PNG conservandone la trasparenza esistente.
La trasparenza è applicata anche allo spazio aggiuntivo dovuto alla rotazione.
Poi La ruota di nuovo rendendo semitrasparente lo spazio aggiuntivo.

es_65_imagerotate_PNG con trasparenza e semitrasparenza

```php
<?php
$Immagine = imagecreatefrompng('RV_fondoTrasparente.png');
imagealphablending($Immagine, false); // disabilita imagealphablending()
imagesavealpha($Immagine, true); //abilita per salvataggio con canale alfa

$AngoloRot = 45; // Angolo di rotazione in senso antiorario

// ruota con trasparenza
$ImmaRuotata=imagerotate($Immagine,$AngoloRot,imagecolorallocatealpha($Immagine,255,0,0,127));
imagepng($ImmaRuotata, "es_65_imagerotate_1.png"); // salva immagine

// ruota con semitrasparenza del rosso
$ImmaRuotata = imagerotate($Immagine, $AngoloRot, imagecolorallocatealpha($Immagine, 255, 0, 0, 50));
```

imagepng($ImmaRuotata); // al browser
imagepng($ImmaRuotata, "es_65_imagerotate_2.png"); // salva immagine
imagedestroy($Immagine);imagedestroy($ImmaRuotata); // libera memoria
?>Risultati:

Immagine per test ruotazione   Preservato trasparenza   Aggiunto rosso semitrasparente

imageflip(), ribalta l'immagine

Restituisce l'immagine ribaltata secondo il metodo impartito.
Questa funzione è disponibile soltanto se il PHP è compilato con la versione in bundle della libreria GD.
Da un buon risultato con immagini opache e con trasparenza GIF e PNG8 a 256 colori.
Non funziona bene con immagini a trasparenza Alpha.

imageflip (resource $image , int $mode)

Paramatri

- $image: una risorsa immagine restituita da una funzione di creazione immagine.
- $mode: Modalità di inversione; può essere una costante IMG_FLIP_ *.
  - IMG_FLIP_HORIZONTAL Ribalta l'immagine orizzontalmente.
  - IMG_FLIP_VERTICAL   Ribalta l'immagine verticalmente.
  - IMG_FLIP_BOTH   Ribalta l'immagine sia orizzontalmente che verticalmente.

Ad esempio, IMG_FLIP_HORIZONTAL esegue ribaltamento orizzontale dell'immagine.

Per usare uno degli ametodi di ribaltamento, è sufficiente sostituire la costante IMG_FLIP_HORIZONTAL con una delle altre.
L'esempio segunete mostra i limiti della funzione con Alfpa, superabile con imagecopyresampled() al posto di imageflip(). Vedere il capitolo Ribaltare immagini con imagecopyresampled()

es_66_ribaltare immagini_con_flip

```php
<?php
$Immagine = imagecreatefromjpeg('RV_Opaca_truecolor.jpg'); // immagine jpg true color

imageflip($Immagine, IMG_FLIP_HORIZONTAL);
imagejpeg($Immagine,"es_66_RV_Opaca_truecolor_InvertitoOrizzontale.jpg");// salva

// immagine png tavolozza 256 colori con trasparenza
$Immagine = imagecreatefrompng('I_RV_png8.png');
imageflip($Immagine, IMG_FLIP_HORIZONTAL);
imagepng($Immagine," es_66_I_RV_png8.png_InvertitoOrizzontale.png");// salva

// immagine png truecolor 16.77.216 con trasparenza Alpha
$Immagine = imagecreatefrompng('I_RV_png24.png');
imageflip($Immagine, IMG_FLIP_HORIZONTAL);
imagepng($Immagine," es_66_I_RV_png24.png_InvertitoOrizzontale.png");// salva

// immagine png truecolor 16.77.216 SENZA trasparenza
$Immagine = imagecreatefrompng('I_RV_png24_No_trasparenza.png');
```

imageflip($Immagine, IMG_FLIP_HORIZONTAL);
imagepng($Immagine," es_66_I_RV_png24_No_trasparenza_InvertitoOrizzontale.png");// salva

imagepng($Immagine); // al browser
imagedestroy($Immagine);// libera memoria
?>Risultati:

  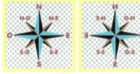

Opaca jpg truecolor   png tavolozza 256 colori con trasparenza   png truecolor 16.77.216 con trasparenza Alpha   png truecolor 16.77.216 SENZA trasparenza

Ribaltare immagini con imagecopyresampled()

La funzione imageflip() ha limitazioni con le immagini che usano il canale Alpha.
Questa limitazione può essere superata usando la funzione imagecopyresampled() che permette di leggere copiando l'immagine sorgente con valori negativi, e perciò invertendone i contenuti.
L'esempio seguente esegue il ribaltamento di immagini trecolor con imagecopyresampled().
Il lavoro viene svolto all'interno della funzione RibaltamentoImmagine() che riceve la variabile $metodocon nella quale è specificato il metodo di ribaltamento.

La variabile $metodo può contenere 'o' , 'v', 'e', per orizzontale, verticale, entrambi.

Invocata la funzione viene caricata Imma_png24_traspar_Alpha.png e ribaltata in base al contenuto della variabile $metodo . La funzione viene chiamata tre volte con ciascuno dei tre contenuti possibili della variabile $metodo. Le immagini ribaltate sono salvate su disco e l'ultima messa a video.

es_67_Ribaltare_con_imagecopyresampled

```php
<?php
function RibaltamentoImmagine($metodo){
$Imma_sorg = imagecreatefrompng('Imma_png24_traspar_Alpha.png'); // recupera ammagine da ribaltare

// recupera dimensioni immagine sorgente che saranno uguali all'immagine di destinazione
$Larg_sorg = imagesx ($Imma_sorg); $Alt_sorg = imagesy ($Imma_sorg);

// larghezza sorgente è uguale a quella della destinazione
$Larg_dest = $Larg_sorg; $Alt_dest = $Alt_sorg;

// crea immagine di destinazione
$Imma_Dest = imagecreatetruecolor ( $Larg_dest, $Alt_dest );

// setta l'immagine per il salvataggio con trasparenza
imagecolortransparent($Imma_Dest,imagecolorallocatealpha($Imma_Dest,0,0,0,127));
imagealphablending($Imma_Dest,false);
imagesavealpha($Imma_Dest,true);

$X_sorg = 0; $Y_sorg = 0; // setta i dati per il tipo di ribaltamento

switch($metodo){
case 'o': $X_sorg = $Larg_dest -1; $Larg_sorg = -$Larg_dest;break; // orizontale
case 'v': $Y_sorg = $Alt_dest -1; $Alt_sorg = -$Alt_dest;break; //verticale
case 'e':$X_sorg = $Larg_dest -1; $Larg_sorg = -$Larg_dest;
$Y_sorg = $Alt_dest -1; $Alt_sorg = -$Alt_dest;
break; //entrambi
```

```
}

imagecopyresampled($Imma_Dest,$Imma_sorg, // esegue la funzione di ribaltamento
                    0,0, // x,y
                    $X_sorg,$Y_sorg,
                    $Larg_dest,$Alt_dest,
                    $Larg_sorg,$Alt_sorg
                    );

imagepng($Imma_Dest,"es_67_Ribaltare_con_imagecopyresampled_trasparenzaAlpha_".$metodo.".png");
imagepng($Imma_Dest); // al browser
imagedestroy($Imma_sorg);imagedestroy($Imma_Dest); // libera memoria
};


$metodo = "o"; RibaltamentoImmagine($metodo); // ribalta orizzontale
$metodo = "v"; RibaltamentoImmagine($metodo); // ribalta verticale
$metodo = "e"; RibaltamentoImmagine($metodo); // ribalta orizzontale e verticale
?>Risultato:
```

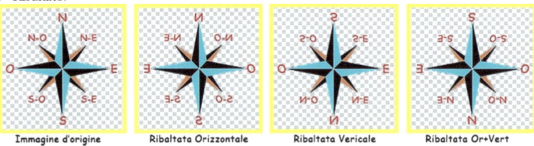

Immagine d'origine   Ribaltata Orizzontale   Ribaltata Vericale   Ribaltata Or+Vert

Disegnare con il testo

La libreria grafica GD mette a disposizioni due metodi per usare il teso nelle immagini, dei caratteri di corredo della libreria oppure caricare uno o più set di caratteri TTF in modo da poter essere utilizzati.
Tale formato ha la peculiarità di migliorare la qualità delle linee curve che compongono i caratteri cercando di visualizzarli sullo schermo mascherando l'effetto frastagliato.
Non è mai possibile scrivere testo su 2 o più righe usando la stessa istruzione.
A parte questo, la differenza fra i due metodi e set di caratteri è abbastanza significativa:

- Set di caratteri a corredo
  - Possono essere di 5 dimensioni
  - Possono essere scritti in orizzontale o verticale
  - Possono essere di qualsiasi colore, MIME dei caratteri consentita
- Set di caratteri TTF caricati
  - Possono essere di dimensioni e scelta
  - Possono essere scritti in obliquo di quanti gradi lo si desidera
  - Possono essere di qualsiasi colore, MIME dei caratteri consentita

imagestring(), disegna una stringa in orizzontale.

imagestring (resource $image , int $font , int $x , int $y , string $string , int $color)

Parametri

- $image: Una risorsa immagine restituita da una funzione di creazione immagine.
- $font: Tipo carattere da utilizzare.
  Può assumere uno dei valori 1, 2, 3, 4, 5, numeri più alti identificano caratteri più grandi.
  Possono essere usati propri identificatori di font registrati imageloadfont().

- $x: coordinata x come origine della stringa.
- $y: coordinata y come origine della stringa.
- $string: Testo fra virgolette o stringa contenente testo.
- $color: Un identificatore di colore creato con imagecolorallocate().

es_68_imagestring

```php
<?php
$Immagine = imagecreate(120, 40); // Crea immagine 120 x 40 pixel
$Verde = imagecolorallocate($Immagine, 0, 255, 0); // alloca il verde colorando lo sfondo dell'immagine
$ColoreTesto = imagecolorallocate($Immagine, 255, 0, 0); // Colore rosso per il testo
$DimensioneTesto = 4;
$X= 16; $Y = 10; // coordinate inizio scrittura
$StringaTesto = "Ciao mondo!";

// Scrive la stringa da sinistra verso destra con inizio alle coordiante x,y.
imagestring($Immagine, $DimensioneTesto, $X, $Y, $StringaTesto , $ColoreTesto);

header('Content-type: image/png');
imagepng($Immagine); // al browser
imagepng($Immagine, "es_68_imagestring.png"); // salva immagine
imagedestroy($Immagine); // libera memoria
?> Risultato:
```

imagestringup(), disegna una stringa verticalmente
Il disegno è dal basso verso l'alto della dimensione e alle coordinate date.

imagestringup (resource $image , int $font , int $x , int $y , string $string , int $color)

Parametri

- $image: Una risorsa immagine restituita da una funzione di creazione immagine.
- font: Tipo carattere da utilizzare.

Può assumere uno dei valori 1, 2, 3, 4, 5, numeri più alti identificano caratteri più grandi.

- $x: coordinata x come origine della stringa.
- $y: coordinata y come origine della stringa.
- $stringa: Testo fra virgolette o stringa contenente testo.
- $color: Un identificatore di colore creato con imagecolorallocate().

es_69_imagestringup

```php
<?php
$Immagine = imagecreate(40,120); // Crea immagine a 40 x 120 pixel

// alloca il verde colorando lo sfondo dell'immagine
$Verde = imagecolorallocate($Immagine, 0, 255, 0);
$ColoreTesto = imagecolorallocate($Immagine, 255, 0, 0); // Colore rosso per il testo
$DimensioneTesto = 4;
$X= 10; $Y = 100; // cordinate inizio scrittura
$StringaTesto = "Ciao mondo!";
```

```
// Scrive la stringa dal basso verso l'alto
imagestringup($Immagine, $DimensioneTesto, $X, $Y, $StringaTesto , $ColoreTesto);

header('Content-type: image/png');
imagepng($Immagine); // al browser
imagepng($Immagine, "es_69_imagestringup.png"); // salva immagine
imagedestroy($Immagine); // libera memoria
?>Risultato:
```

imagefontheight(),restituire l'altezza in pixel di un font GD specificato

Se ci sono vincoli per la dimensione della stringa da utilizzare nell'immagine, utilizzare questa funzione per controllare l'altezza del carattere GD più adatto (non è per font TTF).

imagefontheight (int $font)

Parametri

- $font: Può essere 1,2,3,4,5 per i font incorporati, numeri più alti indicano caratteri più grandi.

es_70_imagefontheight

```php
<?php
$immagine = imagecreate(220, 110); // crea immagine
$giallo = imagecolorallocate($immagine, 255, 255, 0);// colore sfondo
$rosso = imagecolorallocate($immagine, 0, 0, 255); // colore testo

for ($NumeroFont=1; $NumeroFont<=5; $NumeroFont++) // a video l'altezza dei font
{
imagestring($immagine, $NumeroFont, 20, $NumeroFont * 15, "Font: $NumeroFont", $rosso);
$altezza = imagefontheight($NumeroFont);
imagestring($immagine, $NumeroFont, 90, $NumeroFont * 15, "Altezza: $altezza", $rosso);
}

header("Content-type: image/png");
imagepng($immagine); // al browser
imagepng($immagine,"es_70_imagestring.png" ); // salva
imagedestroy($immagine); // libera memoria
?> Risultato:
```

```
Font: 1      Altezza: 8
Font: 2      Altezza: 13
Font: 3      Altezza: 13
Font: 4   Altezza: 16
Font: 5 Altezza: 15
```

Il risultato può essere diverso in ragione della macchina e del sistema operativo in uso.

imagefontwidth(),restituisce la larghezza in pixel di un font GD specificato

Se ci sono vincoli per la dimensione della stringa da utilizzare nell'immagine, utilizzare questa funzione per controllare la larghezza del carattere GD più adatto. (non è per font TTF).

imagefontwidth(int $font)

Parametri

- $font: Può essere 1, 2, 3, 4, 5, a numeri più alti corrispondono a caratteri più grandi.

es_71_imagefontwidth

```php
<?php
$immagine = imagecreate(220, 110); // crea immagine
$giallo = imagecolorallocate($immagine, 255, 255, 0); // colore sfondo
$rosso = imagecolorallocate($immagine, 0, 0, 255); // colore testo
for ($NumeroFont=1; $NumeroFont<=5; $NumeroFont++) // restituisce la larghezza in pixel
{
imagestring($immagine, $NumeroFont, 20, $NumeroFont * 15, "Font: $NumeroFont", $rosso);
$larghezza = imagefontwidth($NumeroFont);
imagestring($immagine, $NumeroFont, 90, $NumeroFont * 15, "Larghezza: $larghezza", $rosso);
}

header("Content-type: image/png");
imagepng($immagine); // al browser
imagepng($immagine,"es_71_imagefontwidth.png" ); // salva
imagedestroy($immagine);
?> Risultato:
```

Il risultato può essere diverso in ragione della macchina e del sistema operativo in uso.
Conoscere e impostare la dimensione dei caratteri permette di creare stringhe di indirizzi e-mail.
Di queste stringhe ne è misurata la dimensione/caratteri e create immagini delle dimensioni esatte per contenervi il testo.
IL metodo può essere usato come difesa dalla cattura di indirizzi che poi vengono bersagliati dallo spam.

es_72_testo perfettamente inscritto in immagine

```php
<?php
$string = "nome@dominio.it";// stringa con indirizzo e-mail
$font = 5; // dimensione del font di corredo GD
$FontLargo = imagefontwidth($font) * strlen($string);
$FontAlto = imagefontheight($font);
$Immagine = imagecreate($FontLargo,$FontAlto); // crea l'immagine delle dimensioni del testo

$Bianco = imagecolorallocate ($Immagine, 255, 255, 255); // colore sfondo
$Nero = imagecolorallocate ($Immagine, 0, 0, 0); // colore testo
imagestring ($Immagine, $font, 0, 0, $string, $Nero); // disegna la stringa

header("Content-type: image/jpg");
imagejpeg ($Immagine,"es_79_bis_testo_per_immagine.jpg");
imagejpeg ($Immagine);// al browser
imagedestroy($Immagine);// salva
?>Risultato:
```

nome@dominio.it

imagettftext(), disegna testo usando font TrueType
imagefttext(),disegna testo con font FreeType 2
L'unica differenza fra le due funzioni è il tipo di font da utilizzare.

Queste funzioni disegnano sull'immagine una stringa nel font TrueType specificato.
Tecnicamente si tratta di un'evoluzione e miglioramento della funzione imagestring().
Può essere utilizzato qualsiasi carattere TrueType la cui posizione, anteponendo eventuale percorso su disco per raggiungerla, va dichiarata nel codice.
Come tutti i caratteri TrueType, la dimensione può essere ampiamente variegata.
Il testo può essere ruotato di una qualsiasi angolazione il cui il fulcro è la coordinata x,y dell'angolo in basso a sinistra del primo carattere della stringa.
La rotazione dei 360 gradi avviene in senso antiorario, al grado zero il testo è in orizzontale.
La funzione restituisce un array di otto elementi costituito dalle coordinate x,y del rettangolo di selezione (il rettangolo che racchiude il testo reso).
Le coordinate sono indipendenti dall'angolo di rotazione del testo.
Così, se l'immagine viene ruotata, le coordinate sono prese come l'angolo superiore sinistro della cornice attorno all'ipotetica figura quadrangolare pertinente al testo, non l'angolo superiore sinistro della stringa ruotato.
La matrice restituita da questa funzione contiene le coordinate di delimitazione del testo.
Per informazione più dettagliate con esempi, vedere imagettfbbox ().

array imagettftext(resource $image,float $size, float $angle, int $x, int $y, int $color, string $fontfile, string $text)

Parametri

- $image: Una risorsa immagine restituita una funzione creazione immagine.
- $size: Dimensione del carattere, specificato in pixel (GD1) o in punti (GD2)
- $angle: Rotazione della stringa in gradi (fra 0 e 359 compresi) eseguita in senso antiorario. Accetta anche valori negativi, in questo caso la rotazione è in senso orario.
- $x: Coordinata x del punto base del primo carattere (angolo in basso a sinistra del carattere).
- $y: Coordinata y del punto base del primo carattere (angolo in basso a sinistra del carattere).
- $color: Colore nel quale verranno stampati i caratteri.
- $fontfile: Percorso e nome del file contenente il tipo di carattere TrueType da utilizzare.
- $text: Stringa di testo che verrà stampata (testare codifica UTF-8 per lingua italiana).

Se un carattere del set usato non è supportato, un rettangolo vuoto sostituirà il carattere.
In genere accata quando in set non dispone di quel carattere es: vocali accentate u con dieresi ecc.
Nell'esempio seguente viene disegnata una stringa di caratteri in rosso su fondo blu.
Il carattere usato è arial.ttf che si trova nella sotto cartella font la stringa è inclinata di 27 gradi.

es_73_imagettftext
```php
<?php
$Immagine = imagecreate(380, 200); // crea immagine
imagecolorallocate($Immagine, 0, 0, 255);// primo colore dichiarato fondo immagine in blu

// parametri della funzione imagettftext()
$FontDim = 25; // dimensione font
$Angolo = 27; // angolo di rotazione della stringa di testo
$xStart = 10; $yStart= 190; // punto di avvio della scrittura del teso
$Rosso = imagecolorallocate($Immagine, 255, 0, 0); // colore da usare per il testo
$FontNome = "font/arial.ttf"; // posizione e nome del font
$Testo = "esempio di testo disegnato";

// disegna la stringa
        imagettftext($Immagine,
```

```
$FontDim, $Angolo,
$xStart, $yStart,
$Rosso, $FontNome, $Testo
);
```

header("Content-type: image/png");
imagepng($Immagine); // al browser
imagepng($Immagine,"es_73_imagettftext.png"); // salva
imagedestroy($Immagine);// libera memoria
?>Risultato:

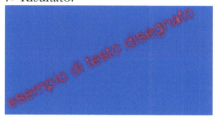

Il seguente esempio disegna una stringa orizzontale con ombreggiatura, il carattere usato è arial.ttf che si trova nella sotto cartella font.

es_74_imagettftext_testo_ombreggiato

```php
<?php
$Immagine = imagecreatetruecolor(320, 160); // Crea immagine
$Verde = imagecolorallocate($Immagine, 0, 255, 0); // Alloca il colore verde
imagefilledrectangle($Immagine, 0, 0, 320, 160, $Verde); // rettangolo verde sullo sfondo

// parametri della funzione imagettftext()
$FontDim = 18; // dimensione del font
$Angolo = 22; // angolo di rotazione della stringa di testo
$xStart = 15; $yStart= 150; // punto di avvio della scrittura del testo
$Grigio = imagecolorallocate($Immagine, 128, 128, 128);// colore per ombra
$Nero = imagecolorallocate($Immagine, 0, 0, 0);// colore per testo in primo piano
$Font = "font/arial.ttf";
$Testo = "esempio di testo ombreggiato";

// disegna stringa in grigio sfalzata di 2 pixer per l'effetto ombra
imagettftext($Immagine, $FontDim, $Angolo, $xStart +2, $yStart + 2, $Grigio, $Font, $Testo);

// disegna stringa in nero parzialment esovrapposta all'ombra
imagettftext($Immagine, $FontDim, $Angolo, $xStart, $yStart, $Nero, $Font, $Testo);

header('Content-Type: image/png');
imagepng($Immagine); // per il browser
imagepng($Immagine, "es_74_imagettftext_testo_ombreggiato.png"); // salva
imagedestroy($Immagine); // libera memoria
?>Risultato:
```

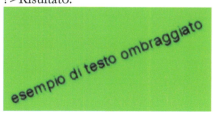

Per evidenziare la versatilità dei caratteri TTF con GD library, nel prossimo script viene caricata un'immagine di colore uniforme e resa trasparente, su questa disegnato del testo multicolore con varie inclinature.

La parola arcobaleno viene scritta più volte, in vari colori e inclinazioni, seguita dai gradi d'inclinazione per i quali è tracciata. Il carattere usato è arial.ttf che si trova nella sotto cartella font. Tradizionalmente i colori dell'arcobaleno sono 7, i computer non li mostrano con precisione, ma solo approssimati.

es_75_imagettftext_arcobaleno

```php
<?php
$Immagine = imagecreatefrompng("es_75_ImmagineSorgente.png");// carica l'immagine
$Larghezza = imagesx($Immagine); $Altezza = imagesy($Immagine); // dimensioni dell'immagine
$ColoreTrasparenza = imagecolorat($Immagine, 0, 0); // legge punto x,y dell'immagine
imagecolortransparent($Immagine, $ColoreTrasparenza); // rende trasparente il colore letto nel punto x,y

$FontNome = "font/arial.ttf"; // posizione e nome nome font
$FontDim = 30; // dimensione font
$Colore[0] = imagecolorallocate($Immagine, 255,0,0); // Rosso
$Colore[1] = imagecolorallocate($Immagine, 255,127,0); // Arancio
$Colore[2] = imagecolorallocate($Immagine, 255,255,0); // Giallo
$Colore[3] = imagecolorallocate($Immagine, 0,255,0); // Verde
$Colore[4] = imagecolorallocate($Immagine, 0,0,255); // Blu
$Colore[5] = imagecolorallocate($Immagine, 75,0,130); // Indaco
$Colore[6] = imagecolorallocate($Immagine, 139,0,255); // Viola

$x=0; $C=0; $count = 18; // valori di default per calcolo gradi

while($x<$count){
        $x=$x+1; $Testo=" arcobaleno ".(20*$x)."°"; // crea la stringa da disegnare

// disegna la stringa
imagettftext($Immagine, $FontDim, 20*$x, $Larghezza/2,$Altezza/2, $Colore[$C], $FontNome, $Testo);

$C++; if($C>6){$C =0;} // colore con il quale verrà scritta la prossima stringa
}

header("Content-type: image/png");
imagepng($Immagine,"es_75_imagettftext_arcobaleno.png"); // salva
imagepng($Immagine); // al browser
imagedestroy($Immagine); // libera memoria
```

?>Risultato:

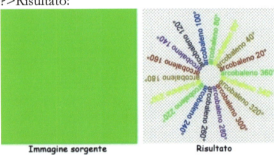

Immagine sorgente   Risultato

I prossimi due esempi "es_76_imagettftext_font_effetti_speciali" e "es_77_imagettftext_font_effetti_speciali" mostrano alcune delle moltissime possibilità grafiche che GD mette a disposizione per fon e colori .

es_76_imagettftext_font_effetti_speciali

```php
<?php
$Immagine=imagecreate(400,400); // crea immagine
```

```php
// alloca colori
$Bianco=imagecolorallocate($Immagine, 255,255,255);// colore di fondo immagine
$Nero=imagecolorallocate($Immagine, 0,0,0);
$Grigio=imagecolorallocate($Immagine, 190,190,190);
$Rosso=imagecolorallocate($Immagine, 255,0,0);

// font, dimensioni e angolazione
$FontNome='font/Rough Brush Script.ttf'; $FontDim = 50; $Angolo = 0;

$Testo = "Christian e Sandra";
imagettftext($Immagine,$FontDim,$Angolo,3,51,$Grigio,$FontNome, $Testo);
imagettftext($Immagine,$FontDim,$Angolo,5,53,$Nero,$FontNome, $Testo);
imagettftext($Immagine,$FontDim,$Angolo,4,52,$Bianco,$FontNome, $Testo);

$Testo = "Daniel e Rebecca";
imagettftext($Immagine,$FontDim,$Angolo,3,111,$Grigio,$FontNome, $Testo);
imagettftext($Immagine,$FontDim,$Angolo,5,113,$Nero,$FontNome, $Testo);

$Testo = "Angelina e Brad";
imagettftext($Immagine,$FontDim,$Angolo,3,171,$Grigio,$FontNome, $Testo);
imagettftext($Immagine,$FontDim,$Angolo,4,172,$Bianco,$FontNome, $Testo);

$Testo = "Dennis e Kimberly";
imagettftext($Immagine,$FontDim,$Angolo,5,233,$Nero,$FontNome, $Testo);
imagettftext($Immagine,$FontDim,$Angolo,4,232,$Rosso,$FontNome, $Testo);

$Testo = "Emma e Andrew";
imagettftext($Immagine,$FontDim,$Angolo,4,292,$Rosso,$FontNome, $Testo);
imagettftext($Immagine,$FontDim,$Angolo,5,293,$Nero,$FontNome, $Testo);

// font e testo da usare
$FontNome='font/DSSnowfall.ttf'; $Testo = "Sci invernale";
imagettftext($Immagine,$FontDim,$Angolo,4,392,$Grigio,$FontNome, $Testo);
imagettftext($Immagine,$FontDim,$Angolo,5,393,$Nero,$FontNome, $Testo);

header("Content-type: image/jpg");
imagejpeg($Immagine, "es_76_imagettftext_font_effetti_speciali.jpeg");// salva immagine
imagejpeg($Immagine);// al browser
imagedestroy($Immagine);// libera memoria
?>Risultato:
```

es_77_imagettftext_font_effetti_speciali

```php
<?php
$Immagine = imagecreatetruecolor(300,400);
$Bianco = imagecolorallocate($Immagine,255,255,255);
$x = 0; $Y = 0; $Passaggi = 20; $FontNome = "font/Rough Brush Script.ttf"; $Testo='Amanda';
        for($x=1; $x < $Passaggi; $x++)
            {
            $Y = 0;
            $Colore=imagecolorallocate($Immagine, 12*$x, 0, 255-($x*5));
            imagettftext($Immagine, 70, 0, $x, 50+$x, $Colore, $FontNome, $Testo); // effetto sfumato
            imagettftext($Immagine, 70, 0, 20, 50+20, $Bianco, $FontNome, $Testo); // testo finale

$Y = 100; // nuova linea
$Colore=imagecolorallocate($Immagine, 0, 12*$x, 255-($x*5));
imagettftext($Immagine, 70, 0, $x, 50+$x+$Y, $Colore, $FontNome, $Testo); // effetto sfumato
imagettftext($Immagine, 70, 0, 20, 50+20+$Y, $Bianco, $FontNome, $Testo); // testo finale

$Y = 200; // nuova linea
$Colore=imagecolorallocate($Immagine, 12*$x, 255-($x*5),0);
imagettftext($Immagine, 70, 0, $x, 50+$x+$Y, $Colore, $FontNome, $Testo); // effetto sfumato
imagettftext($Immagine, 70, 0, 20, 50+20+$Y, $Bianco, $FontNome, $Testo); // testo finale

$Y = 300; // nuova linea
$Colore=imagecolorallocate($Immagine, 12*$x, 255-($x*5),255-($x*7) );
imagettftext($Immagine, 70, 0, $x, 50+$x+$Y, $Colore, $FontNome, $Testo); // effetto sfumato
imagettftext($Immagine, 70, 0, 20, 50+20+$Y, $Bianco, $FontNome, $Testo); // testo finale
            }

header("Content-type: image/jpeg");
imagejpeg($Immagine); // al browser
imagejpeg($Immagine, "es_77_imagettftext_font_effetti_speciali.jpg"); // salva
imagedestroy($Immagine); // libera meoria
?>Risultato:
```

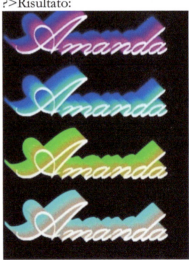

imagettfbbox(), legge le coordinate che delimitano un testo.

Calcola e restituisce, in pixel o punti, il rettangolo di selezione di un testo disegnato con la funzione imagettftext()
L'array restituito è di otto elementi, per le coordinate x,y del rettangolo che racchiude il testo.
Gli elementi della matrice sono disposti come mostrato nella tabella seguente.

0: in basso a sinistra, posizione x   1: in basso a sinistra, posizione y
2: in basso a destra, posizione x   3: in basso a destra, posizione y

4: in alto a destra, posizione x   5: alto a destra, posizione y
6: in alto a sinistra, posizione x   7: in alto a sinistra, posizione y

array imagettfbbox (float $size , float $angle , string $fontfile , string $text)

Parametri

- $size: Dimensione del carattere.

In GD 1, questa viene misurata in pixel. In GD 2, questa viene misurata in punti.

- angle: Angolo di rotazione del testo espresso in gradi.
- $fontfile: nome del file di font TrueType (compresa eventuale URL).
- $text: Stringa della quale verranno rese le coordinate delimitanti.

Questa funzione è adatta quando occorre creare un'immagine che contenga perfettamente il testo nelle sue dimensioni, ad es. quando si desidera utilizzare font con dimensioni ed obliquità non standard.
Il carattere usato è arial.ttf che si trova nella sotto cartella font.
Free Software Foundation https://fsfe.org/index.it.html ha una serie di font gratuiti scaricabili dal loro sito
Modificare la frase "esempio di immagine creata per questo testo" e lanciare lo script, le dimensioni dell'immagine si adegueranno per contenerlo perfettamente.

es_78_imagettfbbox crea immagine per testo obliquo
http://www.taccetti.net/web/phpgd2/index.php?id=104

```php
<?php
// parametri della stringa
$FontDim = 25; // Dimensione font
$Angolo = 45;
$FontNome = 'font/arial.ttf';
$Testo = 'esempio di immagine creata per questo testo';

// Recupera riquadro di selezione
$Vertici = imagettfbbox($FontDim, $Angolo, $FontNome, $Testo);

// Determina larghezza e altezza in valori assoluti
$Imma_larga = abs($Vertici[4] - $Vertici[0]);
$Imma_alta = abs($Vertici[5] - $Vertici[1]);

// Crea immagine con sfondo nero
$Immagine = imagecreatetruecolor($Imma_larga + $FontDim*1.5, $Imma_alta);
$Bianco = imagecolorallocate($Immagine, 255, 255, 255); // colore del testo

// Punto x,y inizio stringa
// occorre tenere presente che in obliquo le dimensioni necessarie aumentano
// in rapporto alle dimensioni ed al tipo di font
$x = $FontDim/2; $y = $Imma_alta;

// scrive la stringa di testo
imagettftext($Immagine, $FontDim, $Angolo, $x, $y, $Bianco, $FontNome, $Testo);

header('Content-type: image/jpeg');
imagejpeg($Immagine,"es_78_imagettfbbox_crea_immagine_per_testo_obliquo.jpg");//salva
imagejpeg($Immagine);// al browser
```

imagedestroy($Immagine); // libera memoria
?>Risultato:

Nel prossimo esempio viene scritta una stringa di testo in obliquo e su di essa, con i dati ricevuti dalla funzione imagettfbbox(), disegnato un rettangolo delimitante la stringa stampata.

Ai vertici del rettangolo sono disegnato i valori x,y dei vertici.

es_79_imagettfbbox_rettengolo_delimitante
http://www.taccetti.net/web/phpgd2/index.php?id=105

```php
<?php
$Immagine = imagecreatetruecolor(400, 350); // crea immagine
$Bianco = imagecolorallocate($Immagine, 255, 255, 255); // colori
$Viola = imagecolorallocate($Immagine, 255, 0, 255);

// parametri per la scrittura della stringa
$FontDim = 50;// Dimensione font
$Angolo = 45;// rotazione in gradi
$x = 120; $y = 300; // inizio scrittura del testo
$FontNome = 'font/arial.ttf';
$Testo = 'Amanda'; // testo da scrivere

//scrive la stringa di testo
imagettftext($Immagine, $FontDim, $Angolo, $x, $y, $Bianco, $FontNome, $Testo);

// Recupera riquadro di selezione
$Vertici = imagettfbbox($FontDim, $Angolo, $FontNome, $Testo);

// vertici del rettangolo delimitante il testo
        for($i=0; $i<7; $i+=2){
                $Vertici[$i] += $x;
                $Vertici[$i+1] += $y;
                        }

// scrive i valori x,y dei vertici
imagestring($Immagine, 3, $Vertici[0], $Vertici[1], "x=".$Vertici[0].",y=".$Vertici[1], $Bianco);
imagestring($Immagine, 3, $Vertici[2], $Vertici[3], "x=".$Vertici[2].",y=".$Vertici[3], $Bianco);
imagestring($Immagine, 3, $Vertici[4], $Vertici[5]-15, "x=".$Vertici[4].",y=".$Vertici[5], $Bianco);
imagestring($Immagine, 3, $Vertici[6]-65, $Vertici[7]-15, "x=".$Vertici[6].",y=".$Vertici[7], $Bianco);

// Versioni PHP e GD
$Versioni = 'PHP '.phpversion();
imagestring($Immagine, 2, 10, 10, $Versioni, $Bianco);
```

$gdinfo = gd_info();
$Versioni = 'GD '.$gdinfo['GD Version'];

imagestring($Immagine, 2, 10, 20, $Versioni, $Bianco);

// disegna il poligono
imagepolygon($Immagine, array(
        $Vertici[0], $Vertici[1], $Vertici[2], $Vertici[3],
        $Vertici[4], $Vertici[5], $Vertici[6], $Vertici[7],
        $Vertici[0], $Vertici[1], $Vertici[6], $Vertici[7]
        ),6,$Viola
        );

header('Content-type: image/jpeg');
imagejpeg($Immagine); // al browser
imagejpeg($Immagine,"es_79_imagettfbbox_rettengolo_delimitante.jpg"); // salva
imagedestroy($Immagine); // libera memoria
?>Risultato:

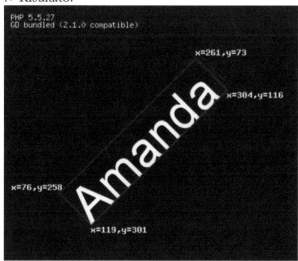

Immagini con effetti speciali

imagefilter(), applica un filtro all'immagine

La funzione imagefilter() fornisce funzionalità che consentono di avere immagini con effetti speciali.

magefilter (resource $image , int $filtertype [, int $arg1 [, int $arg2 [, int $arg3 [, int $arg4]]]])

Parametri

- $image: Una risorsa immagine restituita da una funzione di creazione immagine.
- $filtertype: Uno di filtri disponibili.
    - IMG_FILTER_BRIGHTNESS: Modifica la luminosità dell'immagine.
        - Richiede parametro numerico intensità, positivo aumenta, negativo diminuisce. Range valori -255 : +255.
        Luminosità immagine originale è considerata zero.
    - IMG_FILTER_COLORIZE: Applica un filtro di colore all'immagine.
    Il supporto per il canale Alpha, implementato dalla versione PHP 5.2.5, è facoltativo.
    Richiede quattro parametri:
        - I primi 3 che indicano livelli colore RGB (rosso,verde,blu) fra 0 a 255 compresi.
        - Quarto il canale alpha, (trasparenza) è facoltativo, fra 0 a 127 compresi.
    - IMG_FILTER_CONTRAST: Modifica il contrasto dell'immagine.
        - Richiede parametro numerico intensità.
        Range da -100 a +100 compresi, positivo diminuisce mentre negativo aumenta.
    - IMG_FILTER_EDGEDETECT: Individua ed evidenzia i bordi delle immagini.
    Non richiede parametri.
    - IMG_FILTER_EMBOSS: Crea effetto sbalzo tipo "bassorilievo".
    Non richiede parametri.
    - IMG_FILTER_GAUSSIAN_BLUR: Applica sfocatura gaussiana all'immagine.
    Non richiede parametri.
    - IMG_FILTER_GRAYSCALE: Converte l'immagine in scala di grigi.
    Non richiede parametri.
    - IMG_FILTER_MEAN_REMOVAL: Dà all'immagine un effetto schizzo.
    Non richiede parametri.
    - IMG_FILTER_NEGATE: Crea negativo dell'immagine.
    Non richiede parametri.
    - IMG_FILTER_PIXELATE: Sfoca l'immagine con effetto pixel.
    Richiede PHP 5.3.0 o superiore.
    Richiede 2 parametri
        - Dimensione del blocco in pixel.
        - Selezione della modalità di effetto (true=graduale, false=netta).
        Se utilizzare effetto scalettatura avanzato o meno (default = false).
    - IMG_FILTER_SELECTIVE_BLUR: Applica sfocatura selettiva sulle varie superfici identificate.
    Non richiede parametri.
    - IMG_FILTER_SMOOTH: Ammorbidisce l'immagine.
    Richiede parametro numerico per l'intensità dell'effetto.

La variazione dei parametri per i filtri che ne fanno uso, l'applicazione dello stesso filtro più volte (specie fra quegli senza parametri) e l'abbinamento di filtri multipli, danno luogo a migliaia di combinazioni.
Solo l'esperienza, il gusto e l'attitudine consiglierà quale sia la combinazione più idonea per ogni determinata occasione.
Di seguito alcuni esempi delle possibilità offerte dai filtri di imagefilter().
Le immagini mostrate sono adattate alle dimensioni dalla pagina ed al bianco e nero di questo testo.
Tutti gli esempi possono essere scaricati. Facendolo, ed eseguendogli essi operano con immagini a colori e dimensioni maggiori e quindi i risultati saranno più valutabili.

Il risultato dell'applicazione del filtro, può produrre immagini le cui dimensioni in altezza e larghezza sono diverse dall'immagine d'origine.

es_80_IMG_FILTER_BRIGHTNESS
Modifica la luminosità dell'immagine.
Richiede parametro numerico intensità, positivo l'aumenta, negativo la diminuisce.
Range valori -255: +255. Luminosità immagine originale è considerata zero.

```php
<?php // es_80_IMG_FILTER_BRIGHTNESS
$Immagine1 = imagecreatefromjpeg('firenze_start.jpg'); // carica l'immagine
$Immagine2 = imagecreatefromjpeg('firenze_start.jpg');

imagefilter($Immagine1, IMG_FILTER_BRIGHTNESS, -30); // applica filtro
imagejpeg($Immagine1, 'es_80_BRIGHTNESS_-30.jpg',100); // salva max qualità

imagefilter($Immagine2, IMG_FILTER_BRIGHTNESS, 30); // applica filtro
imagejpeg($Immagine2, 'es_80_BRIGHTNESS_30.jpg',100); // salva max qualità

imagejpeg($Immagine1, NULL,100); // al browser max qualità
imagedestroy($Immagine1); // libera memoria
imagedestroy($Immagine2);
?>
```
Risultato:

origine   IMG_FILTER_BRIGHTNESS 30   IMG_FILTER_BRIGHTNESS -30

es_81_IMG_FILTER_COLORIZE
Per ogni pixel dell'immagine aggiunge o sottrae valori RGB di ciascun canale/colore, rosso, verde, blu.
Valori per ciascun canale/colore: minimo -255, massimo 255, nessun cambiamento = 0.
Il canale Alpha è facoltativo con range di valori fra 0 e 127 compresi. Nell'attribuire i valori è indispensabile seguire l'ordine R,G,B,Alpha altrimenti i risultati saranno imprevedibili .
Con questo filtro è possibile trasformare un'immagine a colori in un'altra con scala dei grigi, ma non va confusa con il filtro IMG_FILTER_GRAYSCALE a questo dedicato.

```php
<?php // es_81_IMG_FILTER_COLORIZE
$Immagine1 = imagecreatefromjpeg('firenze_start.jpg'); // carica l'immagine
$Immagine2 = imagecreatefromjpeg('firenze_start.jpg');

$Immagine1 && imagefilter($Immagine1, IMG_FILTER_COLORIZE, 110, 80, 200); // applica filtro
imagejpeg($Immagine1, 'es_81_COLORIZE_110_80_200.jpg',100); // salva max qualità

// applica filtro + canale alpha
$Immagine2 && imagefilter($Immagine2, IMG_FILTER_COLORIZE, 110, 80, 200, 75);
imagejpeg($Immagine2, 'es_81_COLORIZE_110_80_200_75.jpg',100); // salva max qualità

imagejpeg($Immagine2,NULL,100);// al browser max qualità
imagedestroy($Immagine1);imagedestroy($Immagine2); // libera memoria
```

?>Risultato:

origine   IMG_FILTER_COLORIZE, 110, 80, 200   IMG_FILTER_COLORIZE, 110, 80, 200, 75

es_82_IMG_FILTER_CONTRAST

Modifica il contrasto dell'immagine. Richiede parametro numerico intensità in un range fra -100 e +100 compresi, positivo diminuisce mentre negativo aumenta.

```php
<?php // es_82_IMG_FILTER_CONTRAST
$Immagine1 = imagecreatefrompng('arcobaleno.png'); // carica l'immagine
$Immagine2 = imagecreatefrompng('arcobaleno.png');

/*** rende le immagini con TRASPARENZA ***/
imagesavealpha($Immagine1, true); // imposta il flag per salvare informazioni con canale Alpha
$CanaleAlpha = imagecolorallocatealpha($Immagine1, 255, 255, 0, 127);
imagefill($Immagine1, 0, 0, $CanaleAlpha); // rende l'immagine con trasparenza
imagesavealpha($Immagine2, true); // imposta il flag per salvare informazioni con canale Alpha

$CanaleAlpha = imagecolorallocatealpha($Immagine2, 255, 255, 0, 127);
imagefill($Immagine2, 0, 0, $CanaleAlpha); // rende l'immagine con trasparenza

$Immagine1 && imagefilter($Immagine1, IMG_FILTER_CONTRAST, -40); // applica filtro $Immagine1
imagepng($Immagine1, 'es_82_IMG_FILTER_CONTRAST_-40.png');// salva max qualità

$Immagine2 && imagefilter($Immagine2, IMG_FILTER_CONTRAST, 20); // applica filtro $Immagine2
imagepng($Immagine2, 'es_82_IMG_FILTER_CONTRAST_20.png');// salva max qualità

imagepng($Immagine2);// al browser
imagedestroy($Immagine1);imagedestroy($Immagine2); // libera memoria
?>
```
Risultato:

origine   IMG_FILTER_CONTRAST, -40   IMG_FILTER_CONTRAST, 20

es_83_IMG_FILTER_EDGEDETECT

Individua ed evidenzia i bordi delle immagini. Non richiede parametri.

```php
<?php // es_IMG_FILTER_EDGEDETECT
$Immagine1 = imagecreatefromjpeg('cranio.jpg'); // carica immagini
$Immagine2 = imagecreatefrompng('arcobaleno.png');

imagesavealpha($Immagine2, true); // imposta il flag per salvare informazioni con canale Alpha
$CanaleAlpha = imagecolorallocatealpha($Immagine2, 255, 255, 0, 127);
imagefill($Immagine2, 0, 0, $CanaleAlpha); // rende l'immagine con trasparenza

$Immagine1 && imagefilter($Immagine1, IMG_FILTER_EDGEDETECT); // applica filtro cranio.jpg
imagejpeg($Immagine1, 'es_83_IMG_FILTER_EDGEDETECT.jpg'); // salva
```

$Immagine2 && imagefilter($Immagine2, IMG_FILTER_EDGEDETECT); // applica filtro arcobaleno.png
imagepng($Immagine2, 'es_83_IMG_FILTER_EDGEDETECT.png'); // salva

imagepng($Immagine2);// al browser
imagedestroy($Immagine1); imagedestroy($Immagine2); // libera memoria
?>Risultato:

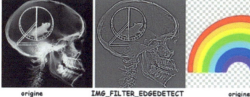

es_84_IMG_FILTER_EMBOSS
Crea effetto sbalzo tipo "bassorilievo". Non richiede parametri.

```php
<?php // es_84_IMG_FILTER_EMBOSS
$Immagine = imagecreatefromjpeg('firenze_start.jpg'); // carica l'immagine
$Immagine && imagefilter($Immagine, IMG_FILTER_EMBOSS); // applica filtro
imagejpeg($Immagine, 'es_84_IMG_FILTER_EMBOSS.jpg'); // salva

imagejpeg($Immagine,NULL,100);// al browser
imagedestroy($Immagine); // libera memoria
?>Risultato:
```

es_85_IMG_FILTER_GAUSSIAN_BLUR
Applica sfocatura gaussiana all'immagine. Non richiede parametri.
Si tratta di un tipo di sfumatura selettiva che non agisce su tutti i pixel, ma viene applicata solo se la differenza tra il valore del pixel e di quelli che lo circondano è inferiore ad un dato valore delta stabilito nella funzione.
Questa tecnica viene usata per sfumare uno sfondo in maniera da mantenere il soggetto (eventualmente inserito in un momento successivo) in primo piano nitido.
Con questa tecnica l'immagine viene percepita con effetto di profondità.

```php
<?php // es_IMG_FILTER_GAUSSIAN_BLUR_
$Immagine = imagecreatefromjpeg('firenze_start.jpg'); // carica l'immagine
$Immagine && imagefilter($Immagine, IMG_FILTER_GAUSSIAN_BLUR); // applica filtro
imagejpeg($Immagine, 'es_85_IMG_FILTER_GAUSSIAN_BLUR.jpg'); // salva

imagejpeg($Immagine,NULL,100);// al browser
imagedestroy($Immagine); // libera memoria
?>Risultato:
```

es_86_IMG_FILTER_GRAYSCALE

Converte le immagini a colori in immagini con sfumature di grigio.
Non richiede parametri.

```php
<?php // es_86_IMG_FILTER_GRAYSCALE
$Immagine = imagecreatefromjpeg('firenze_start.jpg'); // carica l'immagine
$Immagine && imagefilter($Immagine, IMG_FILTER_GRAYSCALE); // applica filtro

imagejpeg($Immagine,NULL,100); // al browser
imagejpeg($Immagine, 'es_86_IMG_FILTER_GRAYSCALE.jpg', 100); // salva
imagedestroy($Immagine); // libera memoria
?>Risultato:
```

origine   MG_FILTER_GRAYSCALE

es_87_IMG_FILTER_MEAN_REMOVAL

Dà all'immagine un effetto schizzo. Non richiede parametri.

```php
<?php // es_87_IMG_FILTER_MEAN_REMOVAL
$im = imagecreatefromjpeg('firenze_start.jpg'); // carica l'immagine
$im && imagefilter($im, IMG_FILTER_MEAN_REMOVAL); // applica filtro
imagejpeg($im, 'es_87_IMG_FILTER_MEAN_REMOVAL.jpg'); // salva

imagejpeg($im,NULL,100);// al browser
imagedestroy($im); // libera memoria
?>Risultato:
```

origine   IMG_FILTER_MEAN_REMOVAL

es_88_IMG_FILTER_NEGATE

Crea negativo dell'immagine. Non richiede parametri.

```php
<?php // es_88_IMG_FILTER_NEGATE
$Immagine1 = imagecreatefromjpeg('firenze_start.jpg'); // carica immagi
$Immagine2 = imagecreatefromjpeg('david.jpg');
$Immagine3 = imagecreatefromjpeg('cranio.jpg');

$Immagine1 && imagefilter($Immagine1, IMG_FILTER_NEGATE); // applica filtro firenze_start.jpg'
imagejpeg($Immagine1, 'es_88_IMG_FILTER_NEGATE.jpg', 100); // salva

$Immagine2 && imagefilter($Immagine2, IMG_FILTER_NEGATE); // applica filtro david.jpg
imagejpeg($Immagine2, 'es_88_IMG_FILTER_NEGATE.jpg', 100); // salva
$Immagine3 && imagefilter($Immagine3, IMG_FILTER_NEGATE); // applica filtro cranio.jpg
```

imagejpeg($Immagine3, 'es_88_IMG_FILTER_NEGATE.jpg', 100); // salva max qualità
imagejpeg($Immagine3,NULL,100); // al browser

imagedestroy($Immagine1); imagedestroy($Immagine2);imagedestroy($Immagine3); // libera memoria
?>Risultato:

origine

IMG_FILTER_NEGATE
  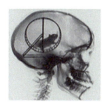

es_89_IMG_FILTER_PIXELATE

Sfoca l'immagine con effetto pixelation, richiede 2 parametri, il primo numerico e l'altro booleniano.

- Indica la dimensione dei blocchi di pixel, dev 'essere un numero positivo.
- Parametro, booleniano facoltativo, default = false, imposta la modalità dell'effetto pixelation.
    - true: rende l'effetto graduale
    - false per un effetto netto.

```php
<?php // es_IMG_FILTER_PIXELATE
$Immagine1 = imagecreatefromjpeg('occhio.jpg'); // carica l'immagine
$Immagine2 = imagecreatefromjpeg('occhio.jpg');
$Immagine1 && imagefilter($Immagine1, IMG_FILTER_PIXELATE, 3, true); // applica filtro
imagejpeg($Immagine1, 'es1_IMG_FILTER_PIXELATE.jpg'); // salva max qualità

$Immagine2 && imagefilter($Immagine2, IMG_FILTER_PIXELATE, 3); // applica filtro
imagejpeg($Immagine2, 'es2_IMG_FILTER_PIXELATE.jpg'); // salva max qualità
imagejpeg($Immagine2,NULL,100);// al browser max qualità

imagedestroy($Immagine1); imagedestroy($Immagine2); // libera memoria
?>Risultato:
```

origine   IMG_FILTER_PIXELATE, 3, true   IMG_FILTER_PIXELATE, 3

es_90_IMG_FILTER_SMOOTH

Attenua i bordi e gli angoli per ammorbidire un'immagine.
Richiede per l'intensità dell'effetto parametro numerico.

```php
<?php // es_90_IMG_FILTER_SMOOTH
```

```
$Immagine1=imagecreatefrompng("savana.png"); // carica immagine
$Immagine2=imagecreatefrompng("savana.png");

$Immagine1 && imagefilter($Immagine1,IMG_FILTER_SMOOTH, -2); // applica filtro -2
imagepng($Immagine1,"es_90_IMG_FILTER_SMOOTH_(fitro-2).png"); // salva immagine

$Immagine2 && imagefilter($Immagine2,IMG_FILTER_SMOOTH,9); // applica filtro +9
imagepng($Immagine2,"es_90_IMG_FILTER_SMOOTH_(filtro+9).png"); // salva immagine

header("Content-type: image/png");
imagepng($Immagine2); // al browser

imagedestroy($Immagine1); imagedestroy($Immagine2); // libera memoria
?>Risultati:
```

origine   IMG_FILTER_SMOOTH, -2   IMG_FILTER_SMOOTH, 9

Effetti con filtri multipli

Ora che sono stati presentati i filtri ad oggi (2016) possibili per la funzione imagefilter(), seguono alcuni esempi di cosa è possibile fase applicando, nella stessa operazione, più filtri alla stessa immagine o con manipolazione di forme e colori da programmazione.

es_91_Effetto appiattimento

Questo effetto può avvicinarsi al lavoro di un'incisione, per realizzarlo è necessario applicare due filtri.

Nello scipt il filtro è applicato su 2 immagini identiche, una con trasparenza e l'altra opaca.

- Rilevare differenze di immagine con il filtro di IMG_FILTER_EDGEDETECT
- Trasformare l'immagine in rilievo con il filtro di IMG_FILTER_EMBOSS

```php
<?php // es_91_effetto_appiattimento
$Immagine1 =imagecreatefromjpeg('David.jpg');// carica l'immagine 1 jpg
imagefilter($Immagine1, IMG_FILTER_EDGEDETECT); // applica filtro che individua ed evidenzia i bordi
imagefilter($Immagine1, IMG_FILTER_EMBOSS); // applica filtro che crea effetto sbalzo tipo "bassorilievo"
imagejpeg ($Immagine1,"es_91_effetto_appiattimento.jpg",100);// salva immagine con qualità max

$Immagine2 =imagecreatefrompng('David.png');// carica l'immagine 2 png
imagesavealpha($Immagine2, true); // imposta il flag per salvare informazioni con canale Alpha
$CanaleAlpha = imagecolorallocatealpha($Immagine2, 255, 255, 0, 127);
imagefill($Immagine2, 0, 0, $CanaleAlpha); // rende l'immagine con trasparenza

imagefilter($Immagine2, IMG_FILTER_EDGEDETECT); // filtro che individua ed evidenzia i bordi
imagefilter($Immagine2, IMG_FILTER_EMBOSS); // filtro che crea effetto sbalzo tipo "bassorilievo"

imagepng($Immagine2,"es_91_effetto_appiattimento.png");// salva immagine
imagejpeg ($Immagine1);// al browser
imagedestroy ($Immagine1); imagedestroy ($Immagine2);// libera memoria
```

?>Risultati:

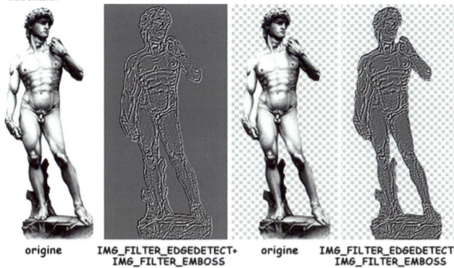

origine   **IMG_FILTER_EDGEDETECT+**   origine   **IMG_FILTER_EDGEDETECT·**
           IMG_FILTER_EMBOSS   **IMG_FILTER_EMBOSS**

es_92_Effetto scatto dolce applicando sfocatura

Il risultato di questo effetto è una sfocatura. Lo scopo è raggiunto usando:

- IMG_FILTER_GAUSSIAN_BLUR per applicare sfocatura gaussiana all'immagine
- IMG_FILTER_SELECTIVE_BLUR per applicare sfocatura selettiva sulle varie superfici identificate.

```php
<?php // Effetto scatto dolce applicando sfocatura
header("Content-type: image/jpeg");
$image =imagecreatefromjpeg ('savana.jpg'); // carica IMMAGINE
imagefilter ($image, IMG_FILTER_GAUSSIAN_BLUR); // filtro per dare sfocatura gaussiana all'immagine
imagefilter ($image, IMG_FILTER_SELECTIVE_BLUR); // filtro per sfocatura selettiva sulle varie superfici.
imagejpeg ($image,"scatto_dolce_applicando_sfocatura.jpg", 100); // salva immagine alla max qualità

imagejpeg ($image); // al browser
imagedestroy ($image); // libera memoria
?>Risultato:
```

origine   IMG_FILTER_GAUSSIAN_BLUR_IMG +
                  FILTER_SELECTIVE_BLUR

es_93_Separazione colori RGB

Il primo effetto consta nella separazione dei colori RGB.

Viene caricata tre volte la stessa immagine ed assegnata a tre variabili diversi, quindi filtrate ciascuna con

- IMG_FILTER_GRAYSCALE che Converte l'immagine in scala di grigi.
- IMG_FILTER_COLORIZE che applica un filtro di colore all'immagine.

La componente Alpha non è utilizzata.
I colori, rispettivamente Red, Green, Bleu di ciascuna immagine non sono assoluti, ma hanno una componente degli altri 2.

```
<?php // es_93_colore_dominante
header("Content-type: image/png");
$ImmagineR = imagecreatefrompng ('savana.png'); // carica immagine
$ImmagineG = imagecreatefrompng ('savana.png'); $ImmagineB = imagecreatefrompng ('savana.png')
imagefilter ($ImmagineR, IMG_FILTER_GRAYSCALE); // Converte immagini in scala di grigi
imagefilter ($ImmagineG, IMG_FILTER_GRAYSCALE); imagefilter ($ImmagineB,
IMG_FILTER_GRAYSCALE);
imagefilter ($ImmagineR, IMG_FILTER_COLORIZE, 255, 50, 75); // dominante rossa

imagepng ($ImmagineR,"es_93_savana_rosso.png"); // salva
imagefilter ($ImmagineG, IMG_FILTER_COLORIZE, 10, 255, 0); // dominante verde

imagepng ($ImmagineG,"es_93_savana_verde.png"); // salva
imagefilter ($ImmagineB, IMG_FILTER_COLORIZE, 20, 17, 255); // dominante blu
imagepng ($ImmagineB,"es_93_savana_blu.png"); // salva

imagepng ($ImmagineB); // al browser
imagedestroy ($ImmagineR); imagedestroy ($ImmagineG);imagedestroy ($ImmagineB); // libera memoria
?> Risultato:
```

origine   IMG_FILTER_COLORIZE,   IMG_FILTER_COLORIZE,   IMG_FILTER_COLORIZE,
                 255, 50, 75   10, 255, 0   20, 17, 255

es_94_Effetto monocromatico

Anche per creare l'effetto monocromatico occorre applicare due filtri.

- IMG_FILTER_GRAYSCALE che trasformare l'immagine originale a colori in scale dei grigi
- IMG_FILTER_NEGATE creando un negativo dell'immagine.

```
<?php // es_94_Effetto_monocromatico
header("Content-type: image/jpeg");
$Immagine =imagecreatefromjpeg ('savana.jpg'); // carica immagine

imagefilter ($Immagine, IMG_FILTER_GRAYSCALE);//applica filtro convertendo immagine in scala di grigi.
imagefilter ($Immagine, IMG_FILTER_NEGATE); // applica filtro creando un negativo dell'immagine.

imagejpeg ($Immagine,"es_94_Effetto_monocromatico.jpg",100); // salva immagine alla max qualità
imagejpeg ($Immagine); // al browser
imagedestroy ($Immagine); // libera memoria
?>Risultato:
```

origine   IMG_FILTER_GRAYSCALE +
                 IMG_FILTER_NEGATE

es_95_Effetto_invecchiamento

L'effetto giallastro o bluastro delle foto dei tempi andati può essere ottenuto con vari modi parametri.

```php
<?php // es_95_ Effetto_invecchiamento
$Immagine = imagecreatefromjpeg('firenze_start.jpg');
imagefilter($Immagine,IMG_FILTER_GRAYSCALE);
imagefilter($Immagine,IMG_FILTER_BRIGHTNESS,-30);
imagefilter($Immagine,IMG_FILTER_COLORIZE, 94, 38, 18);
imagejpeg($Immagine,"Immagine1.jpg");

$Immagine = imagecreatefromjpeg('firenze_start.jpg');
imagefilter($Immagine,IMG_FILTER_GRAYSCALE);
imagefilter($Immagine,IMG_FILTER_COLORIZE,100,50,0);

imagejpeg($Immagine,"Immagine2.jpg");
$Immagine = imagecreatefromjpeg('firenze_start.jpg');
imagefilter($Immagine,IMG_FILTER_GRAYSCALE);
imagefilter($Immagine,IMG_FILTER_COLORIZE,0,50,100);

imagejpeg($Immagine,"Immagine3.jpg");
imagejpeg($Immagine);
imagedestroy($Immagine);
?>Risultati:
```

Origine — IMG_FILTER_GRAYSCALE IMG_FILTER_BRIGHTNESS,-30 IMG_FILTER_COLORIZE, 94, 38, 18 — IMG_FILTER_GRAYSCALE IMG_FILTER_COLORIZE,100,50,0 — IMG_FILTER_GRAYSCALE IMG_FILTER_COLORIZE,0,50,100

I filtri non sono altro che delle funzioni predefinite che permettono di "fare qualcosa" alle immagini, ma possono anche essere fatti da chiunque abbia un pò di dimestichezza con colori e pixel a volte perfino creando qualcosa più adatto ad una situazione contingente.

Nel seguente esempio, nella funzione ' Applica_filtro ', vengono eseguite manipolazioni sui colori simulando filtri già pronti in GD.
Una dimostrazione di come sia possibile, da programmazione, modificare i colori di ogni singolo pixel dando all'immagine l'effetto che più si desidera.
L'esempio è formato da una funzione che viene invocata 3 volte passandole ogni volta ciascuno i tre colori RGB in quantità diversa.
Ulteriori effetti possono essere avuti cambiando i colori ai quali è applicato lo spostamento bit alla riga:
$Rosso = $RGB & 255; $Verde = ($RGB >> 8) & 255; $Blu = ($RGB >> 16) & 255;

es_96_effetti_da_elaborazione_colori
```php
<?php
function Applica_filtro($L,$Immagine,$Rosso,$Verde,$Blu){
$Rs = $Rosso; $Vs = $Verde; $Bs =$Blu; // recupera valori per nome del file da salvare
$RGB = $Rosso + $Verde + $Blu;
$Colore = array($Rosso/$RGB, $Blu/$RGB, $Verde/$RGB);
$Imma_larg = imagesy($Immagine); $Imma_alt = imagesx($Immagine); // dimensioni dell'immagine

for($x=0; $x<$Imma_alt; $x++) // scansiona immagine sull'asse x
        {for($y=0; $y<$Imma_larg; $y++) // scansiona immagine sull'asse y
                {$RGB = imagecolorat($Immagine, $x, $y); // l'egge il colore del pixel

// Sposta verso destra i bit,(spostamento è aritmetico),i bit spostati fuori delle estremità sono scartati
$Rosso = $RGB & 255; $Verde = ($RGB >> 8) & 255; $Blu = ($RGB >> 16) & 255;
```

```
$RossoNEW = floor($Rosso*$Colore[0] + $Verde*$Colore[1] + $Blu*$Colore[2]); // nuova quantità di rosso
$VerdeNEW = floor($Rosso*$Colore[2] + $Verde*$Colore[0] + $Blu*$Colore[1]); // nuova quantità di verde
$BluNEW = floor($Rosso*$Colore[1] + $Verde*$Colore[2] + $Blu*$Colore[0]); // nuova quantità di blu

// scrive nel pixel il nuovo colore
imagesetpixel($Immagine, $x, $y,imagecolorallocate($Immagine, $RossoNEW, $VerdeNEW, $BluNEW));
}}

imagejpeg($Immagine, "es_96_filtro_".$L." R=".$Rs."-".$RossoNEW."_G=".$Vs."-".$VerdeNEW." B=".$Bs."-
".$BluNEW.".jpg"); // salva

imagejpeg($Immagine); // al browser
}

header ("Content-type: image/jpeg");
$Immagine = imagecreatefromjpeg("firenze_start.jpg");
$Rosso = 185; $Verde = 72; $Blu = 1; Applica_filtro("A",$Immagine,$Rosso,$Verde,$Blu);
$Rosso = 18; $Verde = 70; $Blu = 180; Applica_filtro("B",$Immagine,$Rosso,$Verde,$Blu);
$Rosso = 18; $Verde = 170; $Blu = 18; Applica_filtro("C",$Immagine,$Rosso,$Verde,$Blu);
?>Risultati:
```

Origine

filtro_A
R=185-39 G=72-51 B=1-50

filtro_B
R=18-47 G=70-42 B=180-49

filtro_C
R=18-46 G=170-48 B=18-43

Il codice di questo sito è consultabile all'indirizzo: http://www.taccetti.net/web/phpgd2/

e scaricabile a: http://www.taccetti.net/web/phpgd2/download.php

dove sarà possibile anche il download di eventuali correzioni ed integrazioni.

INDICE

imagealphablending; 19; 43; 58; 59; 61; 66; 68; 69; 75; 77

imageantialias; 26; 27

imagearc; 30; 31; 32; 33; 69

imagecolorallocate; 14; 15; 16; 17; 19; 24; 25; 26; 27; 28; 29; 30; 31; 32; 33; 34; 35; 36; 37; 38; 39; 40; 41; 43; 47; 48; 49; 51; 60; 61; 62; 63; 70; 79; 80; 81; 82; 83; 84; 85; 86; 87; 88; 100

imagecolorallocatealpha; 19; 25; 40; 43; 58; 59; 60; 61; 64; 65; 67; 68; 70; 75; 77; 92; 96

imagecolorat; 45; 46; 49; 62; 63; 67; 84; 99

imagecolorclosest; 39; 49; 50; 51

imagecolorclosestalpha; 72; 73

imagecolorexact; 47; 49

imagecolorexactalpha; 71

imagecolorresolve; 50

imagecolorresolvealpha; 71; 72

imagecolorset; 39

imagecolorsforindex; 45; 46; 47; 72; 73

imagecolorstotal; 23; 24

imagecolortransparent; 17; 47; 48; 49; 50; 62; 63; 77; 84

imagecopy; 51; 52; 53; 54; 58; 70

imagecopymerge; 27; 52; 54; 55; 56

imagecopyresampled; 52; 53; 56; 57; 66; 68; 76; 77; 78

imagecopyresized; 51; 52; 53; 54; 56

imagecreate; 14; 15; 16; 17; 18; 19; 20; 24; 25; 28; 32; 38; 39; 43; 51; 62; 79; 80; 81; 82; 84

imagecreatefromgif; 20; 24; 45; 63

imagecreatefromjpeg; 20; 52; 54; 55; 57; 68; 70; 73; 75; 76; 91; 92; 93; 94; 95; 96; 97; 98; 99; 100

imagecreatefrompng; 20; 43; 44; 45; 46; 47; 48; 49; 50; 52; 55; 58; 66; 67; 71; 72; 73; 74; 75; 76; 77; 84; 92; 96; 98

imagecreatefromstring; 21

imagecreatetruecolor; 18; 19; 20; 23; 26; 27; 29; 31; 34; 35; 36; 37; 41; 48; 54; 57; 58; 59; 60; 61; 64; 65; 67; 68; 70; 77; 83; 86; 87; 88

imagedashedline; 26

imagedestroy; 14; 15; 16; 17; 18; 19; 20; 21; 23; 24; 25; 26; 27; 28; 29; 30; 31; 32; 33; 35; 36; 37; 38; 39; 43; 44; 45; 47; 48; 49; 50; 51; 53; 54; 56; 57; 58; 59; 61; 62; 63; 64; 66; 67; 68; 69; 70; 71; 72; 73; 74; 75; 76; 77; 78; 79; 80; 81; 83; 84; 85; 86; 88; 89; 91; 92; 93; 94; 95; 96; 97; 98; 99

imageellipse; 27; 28; 29; 31; 37; 42; 43; 47

imagefill; 19; 26; 29; 31; 34; 35; 37; 38; 39; 41; 42; 43; 48; 49; 51; 64; 65; 67; 68; 70; 92; 96

imagefilledarc; 33; 34; 35

imagefilledellipse; 29; 30; 43; 44; 51; 59; 60; 61; 64; 65; 68; 69; 70

imagefilledpolygon; 36; 39; 48

imagefilledrectangle; 28; 39; 41; 42; 44; 48; 59; 60; 63; 65; 83

imagefilltoborder; 38; 69

imagefilter; 90; 91; 92; 93; 94; 95; 96; 97; 98; 99

imageflip; 56; 76; 77

imagefontheight; 80; 81

imagefontwidth; 80; 81

imagefttext; 82

imagegammacorrect; 74

imagegif; 17; 20; 63

imagegrabscreen; 23

imageistruecolor; 19; 20

imagejpeg; 16; 20; 26; 44; 45; 53; 54; 56; 57; 64; 75; 76; 81; 85; 86; 88; 89; 91; 92; 93; 94; 95; 96; 97; 98; 99; 100

imagelayereffect; 69; 70

imageline; 25; 26; 27; 31; 37; 41; 43; 44; 61; 62

imageloadfont; 78

imagepng; 14; 15; 16; 17; 18; 19; 21; 23; 24; 25; 26; 27; 28; 29; 30; 31; 32; 33; 35; 36; 37; 38; 39; 43; 44; 47; 48; 49; 51; 58; 59; 61; 62; 63; 64; 66; 67; 68; 69; 70; 73; 74; 75; 76; 77; 78; 79; 80; 81; 83; 84; 92; 93; 96; 98

imagepolygon; 25; 35; 36; 89

imagerectangle; 19; 27; 28; 37; 38; 41; 42; 48

imagerotate; 74; 75; 76

imagesavealpha; 19; 43; 58; 61; 64; 65; 66; 67; 68; 75; 77; 92; 96

imagesetbrush; 43; 44; 45

imagesetpixel; 24; 25; 40; 44; 45; 67; 100

imagesetstyle; 25; 26; 31; 40; 41; 42; 43

imagesetthickness; 31; 36; 37; 40; 41; 42

imagesettile; 44; 48; 49

imagestring; 31; 34; 36; 62; 78; 79; 80; 81; 82; 88; 89

imagestringup; 31; 34; 79; 80

imagesx; 23; 66; 67; 68; 70; 77; 84; 99

imagesy; 23; 66; 67; 68; 70; 77; 84; 99

imagetruecolortopalette; 72; 73

imagettfbbox; 82; 86; 87; 88; 89

imagettftext; 82; 83; 84; 85; 86; 87; 88

imagetypes; 13